# 徳川家が見た戦争

徳川宗英 著

岩波ジュニア新書 840

# まえがき

二〇一六(平成二十八)年三月二十九日、他国を武力で守る集団的自衛権の行使容認を柱とする安全保障関連法案が施行されました。日本は「戦争ができる国になった」と嘆《なげ》く人も少なくありません。

一方、世界に目を向けてみれば、中東ではイスラム過激派組織の「イスラム国」がイラクとシリアで戦闘を続ける一方、ヨーロッパでは「イスラム国」の戦闘員がフランスのパリやベルギーのブリュッセルで大規模なテロを起こしました。

戦後七十年を過ぎた今、私たちは改めて「平和とは何か」問い直さなくてはならないと思います。

日本人が戦争を語るとき、「私の親戚が満州で亡くなった」とか、「アメリカの空襲で知人が亡くなった」とか、誰もが被害者の立場で語ることが多いと思います。

大規模な戦争を始めたのが日本であることを、ほとんどの人が話さないことに対して、以前から私はおかしいと感じてきました。アジア各国に甚大《じんだい》な被害をもたらし、日本の戦死者や空襲などで死亡した人数の数倍もの人数がアジア各国で死亡したのは、日本軍がアジアの国々で戦争をしたからです。

日本人がいくら平和論を語ったとしても、この点を忘れているのであれば、説得力は持ち得ません。

最近では太平洋戦争をテーマにしたテレビの特別番組も、終戦日の八月十五日前後に放送されることが多く、開戦日の十二月八日前後に放映されることが極めて減っているようです。日本が本気で平和を守ろうとするのであれば、「日本人はこれまでどのような戦争をしてきたのか」、さらに「なぜ無謀な太平洋戦争を始めたのか」、目をそむけずにきちんと分析する必要があります。

この努力を怠《おこた》っていたのでは、どのように平和を守るか具体的な方策は決して見えてこないでしょう。

一九二九(昭和四)年一月、私は田安徳川家の十一代目当主として、父の留学先のロンドンで生まれました。この年の七月、田中義一《ぎいち》首相が「満州某重大事件」の責任をとって内閣総辞職に追い込まれました。満州某重大事件とは、前年の六月、満州の実権を握っていた軍閥《ぐんばつ》の張作霖《ちょうさくりん》が蔣介石《しょうかいせき》の北伐軍に敗れて北京から奉天《ほうてん》へ逃れる途中、満州進出を目論《もくろ》む日本の関東軍によって列車ごと爆殺された事件です。

戦争の影が迫るなか、私は生を受けたといっていいのかもしれません。

私は女子学習院幼稚園、学習院初等科、中等科を経て、海軍将校(少尉以上の軍人、士官)を養成する全寮制の学校、広島県の海軍兵学校江田島《えたじま》本校に入校、そこで終戦を迎えました。わずか四カ月間だけの兵学校生活でしたが、現在は海上自衛隊第一術科学校となっているその場所で、私はアメリカ軍による空襲や原子爆弾の広島投下を目撃しました。

この本は五つの章で構成されており、第一章では江田島生活を中心に、私が子どものころ実際に見聞きした戦争の体験について、第二章では「世界史的に見ても奇跡的」といってよい、二百六十年間にわたる平和をもたらした徳川幕府の治政についてまとめました。

そして第三章では、日本がなぜ無謀とも思えるアメリカとの戦争を始めたのか、続く第四章ではこれまで日本が起こした戦争から何が学べるのか、私なりに考察してみました。悲惨な戦争を日本が二度と起こさないため、何かしらの手がかりを若いみなさんに伝えることを目指しました。

最後の第五章では、明治維新によって政権から離れた徳川家と昭和時代の戦争とのかかわりについて紹介しました。実際に前線で戦った者、天皇陛下のお側で命を懸《か》けて終戦に尽くした者など、徳川家の人々もまた戦争によって運命を翻弄《ほんろう》されました。

日本人にとって戦争は遠い昔の記憶になりつつあります。今の私たちは命の危険にさらされることなく、毎日を平和に暮らしています。ただし、冒頭にも少し書いたとおり、これは世界のなかで決して当たり前のことではありません。

この本を読むことで、読者のみなさんが日本のこれまでの戦争について知り、改めて平和を考える機会を提供できたとしたら幸いです。

# 目　次

目次

編集協力＝メディアプレス、古澤佳三

# 第一章

# 私が体験した昭和の戦争

## クーデター兵士を目撃した二・二六事件

「今日は解散」

一九三六(昭和十一)年二月二十六日、学校に登校してもなぜか授業が始まらず、二時間くらい雪合戦で遊んで、くたびれて教室に戻っていた私たちに、先生がいきなりそういった。

その日の東京は雪。三日前の二月二十三日も東京はめったにない大雪だったため、あたりの道路にはうずたかく雪が積もっていた。学習院初等科一年だった私は、雪を踏みしめながら、東京・四谷にある学校に行ったが、一向に授業が始まらない。すると、先生が授業の中止を告げたのだ。

これが、私が体験した二・二六事件だった。

この二・二六事件は、日本陸軍の一部の将校たちが計画したクーデター未遂《みすい》事件である。日本史に残る重大事件なので、社会や歴史の教科書で知っている人も多いだろう。

かねてから陸軍内部には二大派閥があった。一つが「皇道派《こうどうは》」と呼ばれる財界や政界を直接行動で変革し、天皇親政による国家改造をめざしたグループ。もう一つが「統制派《とうせいは》」と呼ばれる合法的に圧力を加えて政府を動かそうとしたグループである。両派は戦争準備計画をめぐって対立を深めていた。

二月二十六日明け方、皇道派の青年将校が率いる約千五百名の陸軍部隊は、「昭和維新・尊皇討奸《そんのうとうかん》」をスローガンに、永田町の首相官邸、内大臣や大蔵大臣の私邸、侍従長《じじゅうちょう》邸などをいっせいに襲撃した。岡田啓介《けいすけ》首相は危うく難を逃れたが、斎藤実《まこと》内大臣、高橋是清《これきよ》蔵相らは殺害され、鈴木貫太郎《かんたろう》侍従長（終戦時の総理大臣）は重傷を負った。

学校の外に出ると、陸軍の兵隊があちこちにたたずんでいた。事件の内容は帰宅後のラジオのニュースで知った事だったし、当時は軍隊や兵隊が身近な存在だったため、兵隊を見ても、特に「怖い」という感じはしなかった。

当時の日本の政治は現在の日本の政府と同じように総理大臣以下各大臣で構成する内閣と、衆議院、貴族院による議会で成り立っていたが、共産党は非合法であり、府県知事は選挙でなく、政府が任命していた。

その後、決起部隊は永田町一帯を占領し、交通を遮断《しゃだん》した。私が学校の外で目撃したのは、要人の襲撃を終えた後の兵士たちだったか、あるいは斎藤内大臣の私邸が四谷区仲町（現・

2・26事件の発生でバリケードを築き警戒する陸軍部隊
朝日新聞社／時事通信フォト

新宿区若葉一丁目）にあったので、そこを襲った部隊のいずれかだったのだろう。

翌二十七日、日本政府は東京市に戒厳令《かいげんれい》をしき、戒厳司令部は攻撃態勢をとって反乱軍を包囲する一方、「下士官兵ニ告グ」というビラや、ラジオ放送などで、兵士たちに原隊復帰をうながした。決起部隊の兵のなかには、出動した目的も知らされぬまま、ただ上官の命令に服従していただけの者が少なくなかったようだ。

下士官や兵士たちは次々と帰営し、やがて事件を起こした青年将校らは逮捕された。こうして、日本近代史に残る軍事クーデターは四日目にようやく鎮圧された。

首謀者の将校たちや、思想的な指導者とみなされた北一輝《きたいっき》らの民間人は死刑。陸軍は粛軍《しゅくぐん》を実施して、市民のあいだに広がった反軍感情に沿うかに見えた。しかし、実際には、二・二六事件以降、軍の意に沿わないとテロが起きるという恐怖が広がり、陸軍の政治的な発言力が日を増すごとに強くなった。そして、陸軍が国家権力を掌握《しょうあく》するファシズム体制の方向に、日本は進んでいったのである。

## 初の戦争体験は五・一五事件

実は私にとっての〝戦争体験〟はこれがはじめてではない。

クーデターが鎮圧されたあと、学校に行くと、先生は教室で同級生の一人に向かって、こう語りかけた。

「四年前の事件の時には、あなたのお尻にも、軍人が拳銃を当てたそうだね」

この同級生とは、二・二六事件の四年前に起きたクーデター、五・一五事件のとき、海軍将校に暗殺された首相、犬養毅《いぬかいつよし》の孫、犬養康彦であった。

衝撃的な二・二六事件のあと、五・一五事件のことを思い出し、精神的ショックを受けているのではないかと心配して、先生がすぐに康彦に声をかけたのだと思う。

五・一五事件は、一九三二(昭和七)年五月十五日に起きたクーデター未遂事件である。海軍の四人の将校と陸軍士官候補生五人が、首相官邸に押し入った。警護の巡査が避難を勧めたにもかかわらず、犬養首相は「話せばわかる」と一団を客間に通した。犬養首相が何か話しかけようとしたところ、「問答無用」と叫び、銃弾を撃ち込んだのである。

このクーデターでは犬養首相暗殺と並行して、内大臣邸や警視庁、政友会本部などを襲撃。さらに急進思想に傾いた社会活動家、橘孝三郎《たちばなこうざぶろう》が主宰する愛郷塾《あいきょうじゅく》の塾生で組織された「農民決死隊」が変電所を襲った。

私は、この日の先生の悲しげな表情をよく覚えている。しかし、この後の社会の反応は、子ども心にもおかしいものだった。

事件後、首謀者らは出頭し、逮捕されたが、荒木貞夫陸相は〝純真なる青年たち〟と犯人に同情を示した。軍法会議で被告席に立った海軍将校や陸軍士官候補生が「社会改革のために捨て石となる決意だ」という主旨の話を涙ながらに訴えると、長引く不況[※1]にあえいでいた国民は被告らににわかに同情的になった。

減刑嘆願《げんけいたんがん》運動が全国津々浦々《つつうらうら》に広がった。『昭和時代　戦前・戦中期』(読売新聞昭和時代プロジェクト／中央公論新社）によると、軍法会議で海軍三将校に対する死刑求刑がされると、若い女性のなかには独身の被告への花嫁志願者や自殺者も出たという。多くの国民が理性で判断することを放棄し、感情に突き動かされているかのようだった。

結局、誰一人死刑判決が出ることはなく、禁固刑にとどまった。ちなみに一九三八（昭和十三）年に仮釈放された将校の一人、三上卓《たく》中尉は、戦後にもクーデター未遂に関与したとされる。

康彦の姉で、のちに作家になった犬養道子は、被害者家族にもかかわらず、周りから非国民などと責め立てられ、当時学校で「肩身の狭い思いをした」とインタビューで話している。

今から思えば、当時の日本は、既に戦争の空気に包み込まれていたのだろう。

五・一五事件が起きたあと、私は東京・青山にあった幼稚園に通っていた。そばに陸軍の三聯隊《れんたい》があったこともあり、街なかをたくさんの兵士が軍服姿で歩くのを見るのは普通だった。

子どもたちが歌う歌も、いつしか軍国調が増えてきた。「鉄砲かついだ兵隊さん　足並そろえて歩いてる　とっとことっとこ歩いてる　兵隊さんはきれいだな　兵隊さんは大好きだ」という『兵隊さん』という歌など、子どもでも軍隊を好きになるようなものだった。
二・二六事件の翌年、一九三七(昭和十二)年七月七日には北京西南で日本軍と中国軍が衝突した盧溝橋《ろこうきょう》事件をきっかけに、ついに日中戦争が始まった。もっとも当時は戦争とはいわず、宣戦布告なしに行われる戦争状態を指す「事変《じへん》」が用いられ、もっぱら「北支事変」とか「支那《しな》事変」と呼ばれていた。

そのころ国内では一九四〇(昭和十五)年に「皇紀《こうき》二千六百年(神武天皇の即位から二千六百年に当たるとされる年)」の祝賀行事が各地で開かれていた。十一月十日には、宮城前広《きゅうじょうまえ》場で政府主催の記念式典が挙行され、小学校六年生の私も、この祝典に参列し、全国から集まった同学年の小学生といっしょに奉祝歌《ほうしゅくか》を歌った。

日本じゅうが「天皇陛下万歳」と叫ぶ一方で、日中戦争の長期化によって国内では生活物資が少しずつ欠乏し始めていた。このため、経済統制がだんだん推し進められていったが、やがて食糧や生活必需品は国家機関による配給制になってしまった。

## 学習院の校舎も兵器工場に

「帝国陸海軍は本八日未明、西太平洋において米英と戦闘状態に入れり」

一九四一(昭和十六)年十二月八日、この大本営発表が、臨時ニュースとしてラジオから何度も流された。山本五十六《いそろく》司令長官率いる連合艦隊がハワイ真珠湾を奇襲《きしゅう》し、アメリカ太平洋艦隊の主力戦艦群を撃破したことにより、ついに日本は太平洋戦争に突入した。

国際的には相手国と戦争を始める前に宣戦布告を発さねばならない。真珠湾攻撃が宣戦布告のない奇襲であったことを、アメリカ政府は特に大きく取り上げ、日本は不当に戦争を始めたといって、「リメンバー・パールハーバー」の言葉の下、アメリカ人の「日本は憎い」という戦争意識を高める結果となった。

開戦の二年前、一九三九(昭和十四)年九月にヨーロッパで第二次世界大戦が勃発《ぼっぱつ》。翌年、日本は日独伊三国同盟に調印した。これがドイツと対立していたアメリカとの緊張を高め、一九四一(昭和十六)年に日本軍が南部仏印(フランス領インドシナ、現・ベトナム)に進駐すると、アメリカ政府は石油の対日輸出を全面的に禁止した。

石油の調達の八割をアメリカからの輸入に頼っていた日本にとって、これは深刻な問題だった。「石油の備蓄《びちく》があるうちにアメリカとの戦争に踏みきるべきだ」とする早期開戦論が、

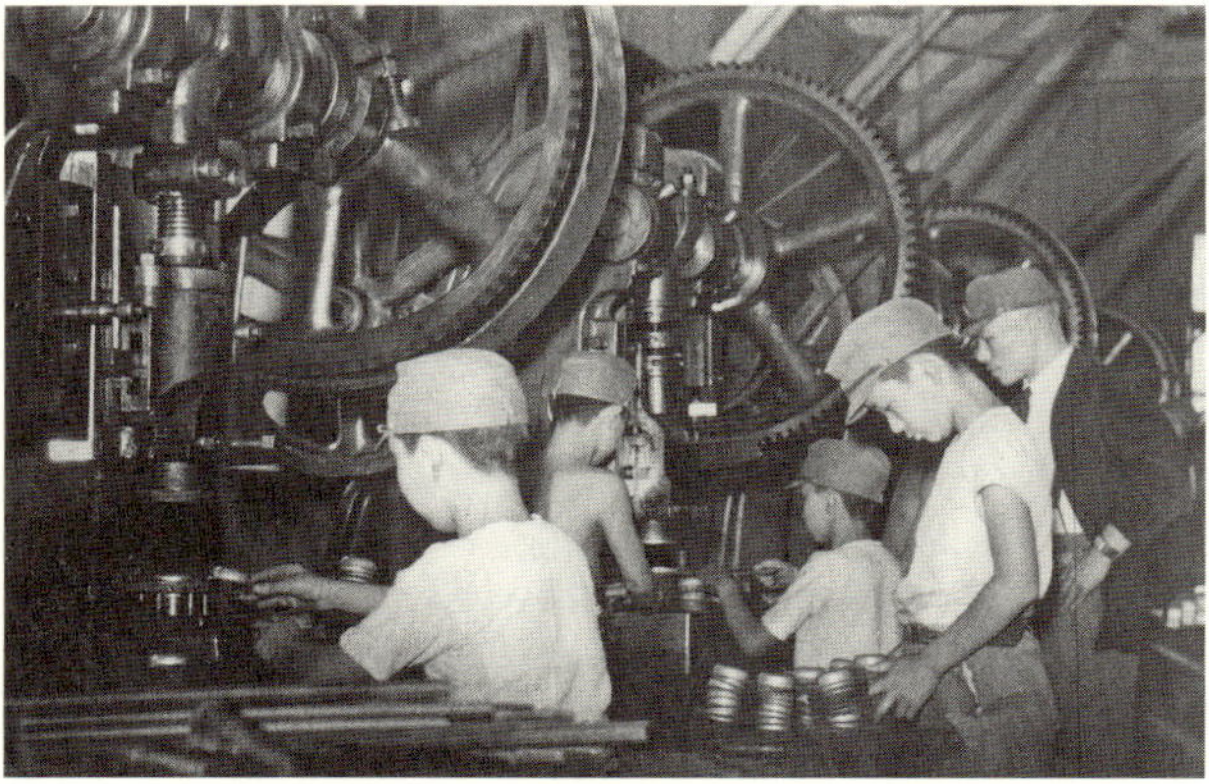

勤労動員された子供たち　毎日新聞社／時事通信フォト

海軍のなかにも急速に高まった。

そのころ、私が通う学習院中等科には、陸軍から派遣された大佐※2一人、大尉一人、中尉一人の配属将校がいた。学生服の長ずぼんの上に洋式脚絆《きゃはん》をつけ、その上にゲートルを巻いて、行進や野外演習などの軍事教練が行われ、富士の裾野《すその》での野外演習もあったが、分列行進※3が主体だった。一年に一度、陸軍省から査閲官《さえつかん》がやってきて、行進の出来に優・良・可の成績をつけていったが、「おおむね良好である」という評価が常であった。

訓練で使ったのは歩兵銃で、学習院にあったものはすべて、実砲を撃てる正式銃だった。サーベル(指揮刀)も十本ほどあったが、これらのほとんどが日露戦争の戦利品だった。

戦争の激化にともなって、国民は戦争への協力をこれまで以上に求められた。私も中等科の三年生になると勤労動員された。戦争が長期化するにつれて、労働力不足が深刻化してきたため、中学校三年以上の学生が軍需産業や食糧生産に駆り出されることになったのだ。

学習院の中等科三年の男子は、日本無線という会社で陸軍の携帯無線の組み立てをするのが、主な仕事だった。最初のころは多摩川近くの東京・下丸子にあった日本無線の工場に通っていたが、場所が狭かったため、東京・目白の学習院の校舎に工場が移された。一時期は陸軍の弾薬工場で高射砲《こうしゃほう》の薬莢《やっきょう》を袋詰めする作業をしたこともあった。

小学生の間は、中国(当時は支那といった)を攻撃する戦いだったが、一九四一年十二月八日のアメリカへの攻撃が始まると、日本国民の緊張は極度に高まった。

小学校時代の陸軍病院への見舞いや戦地(含満州駐在の関東軍)への慰問袋《いもんぶくろ》(兵隊さんを慰めるために日用品などを入れた布袋)作りは中止。代わりに防空演習や防空壕掘りが盛んに行われるようになった。防空壕は道路沿いに人間がしゃがんで入れる長さ数メートル、幅と深さ七十センチ位で両脇に掘り上げて土を盛ったような簡単なものから、山にトンネルをつくるものまでいろいろあった。

航空エンジンの潤滑油《じゅんかつゆ》(これは鉱物系よりも植物系のほうがよい)として使用される松の木の油を採るため、たくさんの松の木が切られた。油分の多い松の根を掘り出すことは、地方の学生の大仕事だった。

町や村では隣近所で助け合う隣組を組織化。焼夷弾《しょういだん》爆撃による火災防止のための井戸の増設や大型防水槽の設置などが行われ、不足物資の供出も徹底して行われた。服装も男性は背広をやめて軍服に近い国民服、女性はスカートをやめてモンペ姿に変わった。

家庭でも毒ガス防御ための防毒マスクを準備したり、爆弾の破片を防ぐ防空頭巾《ずきん》を用意したりした。夜は電気の光が外に漏れないように、ガラス窓は全部黒い布で覆ってしまった。

## 江田島海軍兵学校への入学

太平洋戦争緒戦の日本軍の進撃はめざましく、開戦わずか四カ月のうちに、フィリピン、蘭(オランダ)領東インド(現・インドネシア)、マレー半島、ビルマ(現・ミャンマー)など、西太平洋や東南アジア諸地域の大半を占領した。しかし、アメリカをはじめとする連合軍が戦時態勢を整えて反撃に転じると、日本はだんだん苦戦を強いられるようになり、その後の戦局は惨憺《さんたん》たるものになっていった。

真珠湾奇襲から半年後の一九四二(昭和十七)年六月、日本がミッドウェー海戦で大敗北を喫したという話が、どこからか聞こえてきた。日本海軍は、総力を投入したこの海戦で、アメリカの空母の一部や駆逐艦《くちくかん》と、ミッドウェー軍事基地を撃破したものの、空母四隻と多数の航空機、熟練された飛行士多数を救助できず、一挙に失ってしまった。

しかし、大本営の発表は、日本が勝ったように思わせるものだった。父の仕事柄、私は戦局の現実について耳に入りやすい環境にあったが、当時はほとんどの国民が真実を知らされなかった。

一九四四(昭和十九)年七月、マリアナ諸島のサイパン島をアメリカ軍が占領すると、この島を基地としたアメリカ空軍の日本本土爆撃が激化していった。なかでも一九四五(昭和二十)年三月十日のアメリカ軍による東京大空襲(下町空襲)では東京市街地の東半分のほとんどが焼失、十万人以上が亡くなる未曽有《みぞう》の大被害を受けた。

この太平洋戦争、真っ只中の一九四五年、学習院の中等科を卒業した私は、四月十日、江《え》田島《たじま》の海軍兵学校に七七期生として入校した。海軍兵学校は一九四三(昭和十八)年十二月入校の七五期前後から入学者数を急速に増やしており、同期は三七五六名を数えた。

ここで現在の日本には存在しない、兵学校について簡単に説明しておきたい。

戦前の日本には、海軍に兵学校と陸軍に士官学校があった。両校とも、卒業すると将校(少尉以上の軍人、士官)になれる全寮制の学校である。いずれも将来、兵隊を指揮する立場になる若者に、軍事学や一般の学問を教えるとともに、リーダーシップを身につけさせる教育機関だった。

海軍兵学校は一八六九(明治二)年に明治新政府が東京・築地《つきじ》に創設した海軍操練所を前身とする。その後、海軍兵学校に名称を変え、一八八八(明治二十一)年に広島県の呉《くれ》に近い江田島に移転した。以来、「江田島」は海軍兵学校の代名詞となり、海軍将校を目指す若者たちの憧れの地として、その名を知られるようになる。

海軍兵学校の入校資格は年齢制限(十六〜十九歳)などがあるだけで、学歴は特に問われなかったが、学力は旧制第一高等学校(現在の東京大学教養学部)と同程度のレベルで、「兵学校に落ちた者が一高にいく」ともいわれていた。教育期間は時代によって異なり、昭和初期には三、四年だったが、中国における事変や太平洋戦争が激化するにつれて、三年、二年半という具合に短縮されていった。

私たち七七期新入生は、その日の早朝、校内の第一講堂脇に集合、白亜の大講堂に入場して入校式に臨んだ。

入校式は午前九時十五分ごろに始まった。栗田《くりた》健男《たけお》校長が、「海軍兵学校生徒を命ず」と告げた瞬間、私たちは軍籍の身となり、兵学校生活の第一歩を踏み出すことになった。戦局は悪化の一途をたどり、「戦争終結の日はそう遠くないのでは」という思いがどこかにあったが、これが江田島最後の入校式になろうとは、そのときは予想すらできなかった。

## 海軍兵学校でのエリート教育

「士官である前に、まず紳士であれ」

これが創成期から続く海軍兵学校のモットーである。

一九四二(昭和十七)年十一月から一九四四(昭和十九)年八月まで海軍兵学校校長を務めた井上成美《しげよし》元海軍大将は、終戦後、横須賀の自宅を訪問した初代防衛大学校校長の槇智雄《まきともお》との談話のなかで、江田島教育の根本理念について、「ジェントルマンをつくるつもりの教育だった」と語っている。

このとき井上は、ジェントルマン教育の一例として、イギリスのパブリック・スクールや、オックスフォード大学、ケンブリッジ大学のやり方を例にあげ、「ノブレス・オブリージュ(高貴なる者に伴なう義務)」の精神についても、次のように言及している。

——第一次世界大戦のとき、イギリスの上流階級の人たちが勇敢に戦ったのは、日ごろ国から優遇され特権を与えられているのだから、今こそ国のためにはたらかなければ、という気持ちになったからだ。軍人ばかりでなく、エリート教育を受けた大半の人たちが、そのような気持ちをもっていた。——

第一次大戦後、井上校長は駐在先のヨーロッパ各国で、ジェントルマンならば戦場に行っても兵隊の上に立って戦えると実感した。いくさにおいて大切なのは彼らが持っている義務感(duty)や責任感(responsibility)だと確信したという。同時に、士官として部下を指導するために教養も大切であると語っている。

艦の操縦や大砲を撃つ技術も大事だが、煎《せん》じ詰めれば、それらは下士官が担う役割だ。さ

旧海軍兵学校．現在は海上自衛隊幹部候補生学校
（広島県江田島市）　時事通信フォト

まざまな分野の専門技術を持つ下士官を指揮し、どのような状況におかれても素早く的確に判断し、指示を出すためには、なんといっても教養が必要である。教養のない者、知識がかたよっている者に、冷静な判断は下せない。広い教養があるかないか、それが専門的な技術を持つ下士官との違いである、と。

私たち七七期の生徒が江田島で受けた躾《しつけ》教育は、日常生活のすべてにおいて自律性と積極性を求めるものだった。敬礼はおごそかに、服装容儀（身だしなみ）は清潔かつ端正に、文章や言葉は簡潔にして明瞭《めいりょう》に、動作は俊敏《しゅんびん》で活発に、とする校風を新入生に浸透させるため、機会あるごとに教官や上級生による点検や修正が行われていた。

支給された教科書のなかには、礼儀作法の心得を集大成したようなテキスト『礼法集成』があった。これは井上校長時代につくられたもので、宮中における礼式から、艦内での生活はいうにおよばず、外国人との会食や会談、船や汽車に一般人と乗りあわせた場合まで、海軍士官となって経験するであろう、あらゆる状況におけるマナーやエチケットが細かく記されていた。

例えば、自動車の後部座席に座るときの順序まで詳しく説明してあった。また、一般人に対する無礼なふるまいとして、乗り物のなかでみだりに座席を広く占めること、席に座ったら荷物を膝の上に置かず網棚にのせること、女性や子供の前で喫煙することなどを挙げ、「他人に不快の感を起こさせないよう慎《つつし》みなさい」としている。

「海軍さんはお行儀がいいな」と子どものころ感じたのは、かねてからこのような躾教育が徹底されていたからなのだろう。

**躾教育の基本をなす「分隊制度」**

江田島の躾教育には、「分隊制度」と呼ばれる独特のしくみがあった。ここでいう分隊とは、最上級生から最下級生まで各学年の生徒を混在させた縦割りの組織のことである。一分隊の人数は約四十名で編成され、毎年の年度はじめに成績順に編成変えが行われた。
もともと軍隊では規律が重視されるが、江田島の教育は、級友同士や先輩・後輩のあいだのチームワークを、とりわけ重んじていた。千変万化の海上で安全に船を運航するためには、何よりもチームワークが重要だからである。

海軍兵学校では各学年の呼称も独特で、最上級生は「一号生徒」、その下の学年は「二号生徒」と呼ばれる。在学期間は、太平洋戦争末期の例外を除いて三年ないし四年だったので、最下級生(一年生)は「三号生徒」もしくは「四号生徒」になる。

分隊内では、最上級生の一号生徒が絶対的な指導権を持つ家父長的存在で、その下の二号生徒は一号生徒を補佐しながら、下級生の三号・四号生徒の面倒を見るという、いわば母親的な役まわりになる。各分隊は、分隊監事(多くの場合、少佐か大尉)と呼ばれる教官が一号生徒を通して間接的に指導した。

教室での授業は学年ごとの横割りで行われたが、生徒館生活や諸訓練は、基本的に分隊を単位としていた。団体競技を行うときも分隊が単位となり、生徒たちは分隊の名誉をかけて競った。

例えば江田島の生徒館では、新入生に対して一号生徒や二号生徒が規則や備品の使い方などを指導し、規則違反があったときには罰を与える。この罰は、お尻を叩く程度ではすまず、ほとんどは鉄拳《てっけん》制裁だった。

「毛布のたたみ方が雑だ」「動作が敏捷《びんしょう》でない」といったことで一号生徒の怒声が響き、拳がとんでくることもたびたびだった。分隊は自治単位とみなされていたし、こうした習慣は当時当たり前だった。

このような先輩から後輩へのマン・トゥー・マンによる躾教育を受けて、手間をいとわず全力をつくして艦の安全を図るという「シーマンシップ」に欠かせない、「Smart(スマート＝機敏《きびん》)」「Steady(ステディ＝着実)」「Silent(サイレント＝静粛《せいしゅく》)」という三つからなる「3S精神」を学生は自然と身につけていくことになる。

## 下ろさせた海軍大将の写真

江田島の生徒生活は非常に厳しいものだったが、同時に戦時下にもかかわらず、リベラルな雰囲気があった。この雰囲気は先に紹介した井上校長によるものが大きい。

井上校長は一八八九(明治二十二)年に仙台市に生まれ、一九〇九(明治四十二)年に海軍兵学校(三七期)を次席で卒業、のちに第四艦隊司令長官を務めた。山本五十六らとともに海軍の右傾化を阻止しようとし、日独伊三国同盟や対米英開戦に猛反対したことや、明治以来の海軍の大艦巨砲主義を批判し、航空機による戦力増強が重要と力説したことで知られている。

海軍きっての合理主義者で、リベラリストを自認していた井上校長は、海軍兵学校の校長に就任すると、臨戦態勢下でピリピリしていた江田島に、自由でおおらかな空気を吹き込もうとした。

そのころの江田島の生徒生活では、下級生は上級生がつくったルールに従うことが慣例となっていたが、そのルールは、歩くときの足の運び方、走るときの腕の振り上げ方まで型にはめるようなものだった。例えば講堂での授業が終わって生徒館に入るとき、横の入口からならすぐに入れるのに、生徒たちはわざわざ生徒館の正面玄関まで走ってきて、いったん停止し、そこからまた駆け足で入らなければならなかった。

将来、人の上に立つことになる生徒たちは、心の豊かな紳士に成長していくべきなのに、このようなこせこせした生活を送っているのは大問題だと井上校長は感じた。「規律やセレモニーが多すぎる。もっとアット・ホーム、ナチュラル、イージーな空気をつくれ」と教官たちに指示すると、生徒の生活を束縛《そくばく》するだけであまり意味のないルールを次々と廃止していった。

戦時下の日本で米英排斥《はいせき》の風潮が強くなり、英語が敵性外国語として各方面で冷遇《れいぐう》されるなか、兵学校では英語教育には特に力を入れた。二十代後半から三十代後半にかけて西欧各国に駐在した自身の体験から、自国の言葉しか話せない海軍士官など、世界じゅうどこに行っても通用しないと考えていたからだ。

英語のセンスを磨く方法として、文法を骨幹《こっかん》として教えることや、常用語を徹底的に反復練習させることなどを説き、さらに英語は英語から直接理解すべきである、とも提案した。当時としては斬新なこの方針を実行するため、井上校長は、全生徒に英英辞典を使用させることにし、生徒全員に行きわたる数の英英辞典を調達し、生徒に貸与した。訳文・訳語が英語教育の主流だった当時、これは非常に画期的なことだった。

また、校内にある教育参考館に飾られていた歴代海軍大将の写真を、「このなかには日本の国賊と呼びたいような大将もいる」という理由から全部下ろさせたり、教官や教員が生徒たちに実戦の話をすることを、「生徒の静かな勉学を妨げる」との理由で禁止したりもした。このような学校改革に関するさまざまなエピソードを伝え聞いている。

時局に迎合することなく独自の教育理念を貫いた井上校長は、一九四四（昭和十九）年夏に江田島を去った。私が江田島に入ったときには、もうおられなかったが、在任当時の教官たちに示した教育理念は『教育漫語』という印刷物にまとめられ、その理念は終戦まで受け継がれた。私もその恩恵を受けた一人である。

その後、井上校長は海軍次官となり、太平洋戦争の終結や和平工作のために力をつくした。一九四五（昭和二十）年五月、海軍大将に就任。その三カ月後に、日本はポツダム宣言を受諾して終戦を迎えた。終戦後は神奈川県横須賀市の自宅で英語塾を開き、江田島の教え子や塾生に慕《した》われて静かな余生を送ったそうだ。そして一九七五（昭和五十）年十二月、八十六歳で世を去った。

## 「格好悪くても生きろ」と教えた海軍

私たちが江田島に入学してからしばらくすると、敵機影《きえい》を見るようになってきた。このため、私たちは防空壕掘りをするようになった。

江田島の山側の地質はくずれやすく劣化した花崗岩《かこうがん》で、つるはしやスコップが通りやすいが、それだけに落盤の危険性もあった。実際に大原分校では、防空壕掘り最中の落盤事故で生徒が重傷を負ったと聞いている。

やがて、呉軍港に敵機が来襲するとすぐ警戒警報が鳴り響き、そのたびに教室と防空壕を行ったり来たりさせられる毎日となり、訓練も、敵をやっつけるためのものから、生き延びるためのものに変わっていった。

例えば水泳訓練は、数年前まで遠泳が主体だったが、私たちのときには、艦が撃沈されて海に放り出された場合を想定し、ものにつかまらずにできるだけ長時間、海に浮かんでいることに重点がおかれた。泳げばそれだけ体力を消耗《しょうもう》してしまう。訓練では「とにかく一時間でも二時間でも海水につかって浮いていろ」と指示された。

季節が初夏だったので、水泳訓練のとき衣服は着けなかったが、いざというときは着衣のままのほうがよいとも教わった。そうしてなるべく動かないようにしていれば、着ているものとからだのあいだの水が体温で徐々に温められ、それによって体温をある程度保つことができるからである。

カッター（大型のボート）の漕艇《そうてい》訓練も、母艦が沈んで逃げ出すときのための訓練といえた。このため、艇を岸壁から海上にすばやく下ろすことが特に重要であった。今から考えてみると、体力の限界を超えるような海軍体操も、死地にあっても、最後まであきらめずに生き延びるためのものだったのだろう。

戦時中の日本には、死を美化する風潮や、死に方が大切だとする思想がはびこり、「海行かば　水漬《みづ》く屍《かばね》　山行かば　草むす屍　大君《おおきみ》の辺《へ》にこそ死なめ　かえりみはせじ」という歌が、よく歌われていた。

元来、この歌は『万葉集』（巻十八）におさめられている大伴家持《おおとものやかもち》の長歌《ちょうか》の一節で、「大君（天皇）のおそばで死のう。うしろを顧みることはすまい」との意味がある。

曲は一九三七（昭和十二）年につけられ、当初は総理大臣など要人がラジオ放送で講演するときの曲として使われたそうだが、戦争末期になると、日本軍の玉砕《ぎょくさい》を伝える放送の冒頭にかかっていた。死を賛美するかのような歌になってしまったことに、作曲者の信時潔《のぶときさよし》は随分と苦しんだようだ。

井上校長は、死を美化する風潮を快く思わず、江田島における生死観の指導について、「死にさえすれば人から誉められるというような誤解を起こしたら、訓育上、大変なことになる」と、教官たちに語っていたそうだ。卒業生の多くを戦場に送り出さざるをえなかったからこそ、生き延びて職務をまっとうすることのほうが、よほど大切だと考えていたのだろう。

華々しい戦死を選ぶのではなく、どんなに格好が悪くてもいいから生き延びろ。死ぬな。何よりも人間を大切にした井上校長は、私たちにそう教えていたのだった。

**奮戦むなしく鉄屑となった軍艦「大淀」と「利根」**

一九四五(昭和二十)年四月一日、アメリカ軍が沖縄に上陸した。このころになると、戦局の悪化はもはや隠しようがなかった。

四月七日には、排水量六万トンを超える世界最大の戦艦「大和」が撃沈された。

「大和」は「天一号作戦(菊水作戦)」の発令を受け、山口県の徳山沖から沖縄を囲んでいたアメリカ艦船群に突入すべく出撃した。しかし、鹿児島県坊ノ岬沖で敵艦載機の大群に襲われた「大和」は、沖縄のそばにも行けぬまま、約二時間の戦闘のうえ、沈没した。

この戦いでの戦死者は、日本側が三千七百名以上だったのに対し、アメリカ側は十六名。もはや日米の戦力の差はいかんともしがたく、これが日本海軍最後の出撃となった。

私は分隊付きの士官から「大和」の沈没について聞かされていた。私はもはや諦《あきら》めにも似た気持ちでいたのだろう。そのときはただ「しょうがない」と感じるだけで、悔しさはなかった。

戦争というものは、一つの流れができてしまったら、その流れを誰も止めることができない。勝つか負けるか決着がつくまでは、ずるずるといくしかない。おそらく、同級生たちも同じように感じていたと思う。戦局の悪化について、口に出すこともなかった。

七月になると、呉軍港や江田島に敵機が頻繁《ひんぱん》に来襲するようになった。

当時の江田湾には、燃料の補給が途絶えて出撃できなくなった巡洋艦「大淀《おおよど》」と「利根」を浅瀬に繋留《けいりゅう》していた。爆撃を避けるために、樹木をいっぱい載せて小島に見えるように偽装したが、それまで海だったところに突如として島ができるはずがない。

「大淀」に乗艦した小淵守男《おぶちもりお》海軍一等兵曹の手記『航跡の果てに——新鋭巡洋艦大淀の生

涯』(今日の話題社)で知ったが、「上甲板に植えてある松の木が枯れて、茶色になっています。そろそろ植え替えては、いかがなものでしょうか……」などと書かれたビラを偵察に来た米軍機がまいていったそうだ。アメリカ軍はすべてお見通しだった。

案の定、連合艦隊旗艦も務めた「大淀」は呉軍港空襲の際、雲霞《うんか》のごとく押し寄せる敵機により、甲板や舷《げん》(側面)などに次々と被弾した。乗組員は二十五ミリ機銃をはじめとする対空火器で応戦。漁船に乗り込んで駆けつけた江田島の村人たちも消火や救助活動に必死にあたったが、奮闘むなしく「大淀」は大破、横転してしまった。

私たちは防空壕に退避していたが、敵機が去って壕から出てみると、「大淀」と「利根」が無残にも横たわっていた。それは、はじめて目の当たりにする激しい戦闘の現実だった。

七月二十四日と二十八日の二日間の戦闘による大淀の戦死者は二百二十三名。負傷者も約百八十名を数えた。救出された重傷者たちは痛みをこらえて「海行かば」を歌ったという。乗組員の過半数が戦死・負傷しており、「いかに悽絶な戦闘が展開されていたかが推察」(『航跡の果てに』)された。

## 原爆投下の瞬間

悲劇はさらに続いた。それは一九四五（昭和二十）年八月六日の朝に起きた。

厳しい戦時下のなか、八月に入っても夏季休暇はなく、暑さのもと、私たちは授業のかたわら防空壕掘りにあけくれていた。

前日と同じく、気持ちのよい青空が広がったその日、一、二号生徒は課業中だったが、七〇五分隊の三号生徒は自習室で机に向かっていた。警報か何かの影響で、いつもとはスケジュールが変更になったのだ。

すると、窓の外に突然、閃光《せんこう》が走り、あたりが真っ白になった。

私は反射的に時計に目を落とした。一秒、二秒、三秒……、気味の悪いほどの静寂。突然、轟音《ごうおん》とともに生徒館全体が揺れ、窓ガラスがガタガタと音をたてた。校舎の一部のガラスにひびが入ったところもあったという人もいた。

「これは広島だ」

光と音のズレから、そう判断した。海上約二十キロメートルを隔てた広島に、何かが起こったのだ。私たちはいっせいに自習室から飛び出した。

私は屋上に駆け上がった。気がつくと、そこに数十名ほどいた生徒が黙って、一様に同じ方向の空を見た。広島の方向の空に、灰色の巨大な雲のかたまりがムクムクと湧き上がり、急速に上昇しながら勢いよく広がっていき、雲の下のほうは、不気味に赤く染まっていた。

それが新型爆弾であることは、衝撃の大きさや異様な雲の様子から、すぐにわかった。空を見上げたとき、B29の姿も見たように記憶している。雲に映った赤は、その下で発生した大火災の炎の色と思われた。

八月六日午前八時十五分、広島に投下された原子爆弾は天を裂く閃光とともに炸裂《さくれつ》し、市街は一瞬にして無残にも壊滅したのだ。夕食のとき、「あれは原子爆弾だろう」といっていた一号生徒もいたと聞く。翌日の新聞には「新型爆弾が落とされた」と出ていた。

八月九日には、長崎にも同様の爆弾が落とされた。

二つの原子爆弾が戦争終結のきっかけとなったのは、確かなことだろう。当時すでに、同盟国だったイタリアとドイツは降伏していたが、わが国は、連合国側が日本の無条件降伏を要求して七月に発表したポツダム宣言を黙殺していた。そのため、アメリカは原爆投下に踏み切ったようだ。

とはいえ、いくら戦争終結のためであっても、死亡者だけでなく、生命をとどめた人々にも放射線被害を与えた爆弾を落としたことはよくなかった。何十万という市民が高熱と爆風によって殺傷され、今も多くの方々が放射能の後遺症に苦しんでおられることを思うと、もっと早くに日本政府が戦争終結を決断していたらと、胸が痛んでならない。

## 終戦の日の奇妙なまでの静寂

「今日は、カッターで海の向こう側まで行くことにしよう」

一九四五（昭和二十）年八月十五日の朝、教員からそういわれた私たちは、江田湾に漕ぎ出し、対岸に着いた。

ところが、午後になって学校に戻ると、そこには驚くべき知らせが待っていた。「日本が全面降伏した」というのだ。

広島と長崎に新型爆弾が落とされ、さらに八月八日にはそれまで日ソ不可侵条約を結んでいたソビエト連邦（現在のロシアを主体とした国で普通はソ連と呼ぶ）が一方的にこの条約を破棄して、日本に宣戦布告をし、日本領だった南樺太《からふと》、千島列島、満州に攻め込んできた。

日本政府は戦争継続が不可能と判断し、八月十四日、ポツダム宣言の受諾を連合国側に伝えていた。

そして、この日の正午、ラジオを通じて天皇の「終戦の詔書《しょうしょ》」が放送されたのだ。いわゆる「玉音《ぎょくおん》放送」である。

この放送があることは、軍部から兵学校に事前に知らされていた。先生方は、動揺した生徒が騒動でも起こしてはいけないと考えて、一部の生徒たちを学校から連れ出し、時間をおいてから敗戦を知らせることにしたようだ。

このため、私は「玉音放送」を聞いてはいない。

その後、全校生徒が校庭に集められ、将校ラッパが吹き鳴らされるなか、栗田健男校長が校庭の中央の台に立った。将官ラッパは、「大佐以下の全将官は少将以上の者に敬礼せよ」とうながす合図で、私はこのときしか聞いたことがない。

栗田校長は、「今回の戦争は、科学の力が足りない日本が、アメリカの技術に負けた。みなはこれから技術系に進んで、どうかアメリカを見返してほしい」という内容の話を、淡々とされた。

空はせつないほどに蒼《あお》く晴れわたり、周囲の山には蟬時雨《せみしぐれ》がこだまするようだった。「こんな日は雨降りのほうが似合うんじゃないかな」と思ったが、あまりにも天気がよくて、逆に雨よりももの哀しいような、何もかもなくなってしまったような空虚感があった。

校長訓話が終わって少し時間がたったのち、上空にアメリカ軍の飛行機がやってきて、日本の敗戦を伝えるビラをまいていった。私たちは、それを拾って読んだ。読みながら、「アメリカ憎し」と思っていた生徒もいたはずだが、そのようなそぶりを見せる者はいなかった。

江田島での終戦は、ただただ静かに、そして淡々と過ぎていった。

その後、江田湾に「ハ号潜水艦」という小さな潜水艦が数隻やってきて、「俺たちはまだ戦争を続けるんだ」といい残し、すぐに出航していった。その人たちがどうなったのか、今となってはわからない。

「終戦の詔書」が放送されたあとの日本にも、「ハ号潜水艦」に乗っていた人たちのように、「まだまだ戦争を続けるぞ」と勇ましげな声をあげる者や、「本土決戦に持ち込めば、次こそは勝つはずだ」と主張する人たちがいた。日本全体が軍国主義に染まっていたのだから、このような人たちがいても、しかたがない。

私にしても、「この戦争は勝つ見込みが薄い」と感じる一方、「兵学校を卒業したら戦争に行って死ぬんだ」と、当然のように考えていた。日本という国が、若者にそのように教え込んでいたのだ。そんな時代だったから、「死ぬのは怖い」と思っても、それを口にすることなどできなかった。

時代の風潮や環境というものは、本当に恐ろしい。

## 終戦後、再会を果たした一家

終戦を迎えた江田島では、「生徒たちは用意ができた者から、いつ家に帰ってもよろしい」ということになった。瀬戸内地方に実家がある生徒は、学校から譲り受けたカッターで帰った人も、ずいぶんいたようだ。

そのころ、私は校内の病院で黄疸《おうだん》の治療を受けていたため、江田島を発ったのは九月になってからになった。学校からもらったゴワゴワしたシーツを、リュックサック代わりになるように自分で縫い、そこに学用品と支給された衣類、六ポンドのコンビーフの缶詰二個を入れた。英語の授業で使っていた英英辞典は持ち帰ってよいということだったので、それも大切にリュックに入れた。

東京・上目黒の高台にあったわが家は、その年の五月二十五日の空襲で焼失していた。母といちばん下の弟は栃木県の日光に、ほかの弟妹たちも地方に学童疎開《そかい》していたので、まずは呉の海軍工廠《こうしょう》にいる父を頼ろうと、便船(海軍で使用していた小型の動力装置付き定期船)で呉へ渡った。

呉の軍港内には、たくさんの巨大な軍艦が見るも無残に大破していた。

「あんなに頑丈で立派だった軍艦が、全部やられてしまったのか」

そのとき私は、はじめて戦争に負けた悲しみを感じた。あの光景を目にしたときのみじめな気持ちは、今も忘れられない。

海軍工廠も空襲ですっかり破壊されており、しんと静まり返った構内には、大きな鉄製の旋盤《せんばん》や機械があちこちにひっくり返っていた。幸い、父は元気な様子で、仮宿《かしゅく》にしている工場内を案内しながら、大きな鉄製の筒が削りかけのまま置かれているのを指さして、「こんなに壊されてしまったけれど、ほら、これが新型特殊潜航艇《せんこうてい》の胴体だよ」などと教えてくれた。

翌朝、呉工廠を出た私は、呉駅からガラガラの二等車に乗って広島駅に向かった。到着した広島駅は、ほぼプラットホームだけの状態で、駅舎はところどころにコンクリートのかたまりが残っているだけだった。改めて新型爆弾の威力《いりょく》を思い知らされた。

ここから山陽本線に乗り込んだが、屋根のない貨車は引き揚げの兵隊であふれかえっていたため、山陽本線から米原《まいばら》で出発間際の北陸本線のすいた客車に乗り換えた。柏崎から上越線で高崎まで行き、両毛線で栃木県に入り、日光線で日光駅にたどり着いたのは、江田島を出てから三日目の朝だった。

その間、江田島で支給されたコンビーフの缶詰と、呉工廠で分けてもらったお米と水を厚手のセロファンに入れて炊いたおにぎりで食べつないだ。

日光山内に疎開していた知人宅にまず行くと、中禅寺湖畔に疎開している母に電話をしてくださり、母が迎えに来てくれた。私たち母子はようやく再会した。母は「終戦の日も湖を船が郵便や荷物を積んで来た。その日も、翌日もちゃんと来た。だから日本が本当に戦争に負けたのかどうかわからなかった」などと話していた。

その後、ばらばらに地方に学童疎開していた弟妹たちが次々と日光に集まり、最後に、父が復員してきた。父は終戦直前に愛知県の海軍工廠長に任ぜられていたため、呉工廠から私を送り出したあと、豊川に赴任し、そこで終戦処理をしていたのだった。豊川工廠も空襲でやられていたが、父が行くまで、「部下がものを持ち出して逃げるようなことは皆無だった」といっていた。

こうして私たち一家は、再び一つ屋根の下で暮らせるようになった。戦争で命を落とした人たち、家族を亡くした人たち、満州やシベリアなどの外地に取り残されてしまった人たちが無数におられたことを思うと、それは、何ものにも代えがたい幸運だった。

こうして私にとっての太平洋戦争が終わった。

## 海軍兵学校長の最後の訓示

一九四五(昭和二十)年九月下旬、海軍兵学校の解散式が築地の海軍経理学校でとり行われた。そのころ私は、学習院の高等科が十月から再開するため、鎌倉の親戚の家に寄宿していた。

この解散式は海軍兵学校全体のもので、出席者が多かったため、何回かに分けて行われたようだ。経理学校の校舎は空襲で焼けず、隅田川にかかる勝鬨橋《かちどきばし》の手前に残っていた。今はもう跡形もなく、碑が立っているだけだ。

海軍兵学校の解散にあたって栗田校長は、全校生徒に向けて次のような「別れの訓示」をされた。

――諸君が人生の第一歩において目的の変更を余儀なくされたことは、まことに気の毒である。しかし、諸君は若く、頑健なからだと優れた才能とをあわせ持ち、それに加えて海軍兵学校で軍人精神を体得しているのだから、将来、必ずや日本の中堅として国の役に立つであろうことを信じて疑わない。

諸君の前途には、幾多の苦難と障碍《しょうがい》が待ち受けているだろうが、よく考え、工夫し、将来の方針を誤ることなく、いったん決心したら目的の完遂に勇往邁進《ゆうおうまいしん》しなさい。苦しさに耐えられず道なかばにして挫折するようなことは、男子のもっとも恥辱とするところである。すべからく、ものごとは小さなことの積み重ねによって成就する。諸君の苦難に対する敢闘は、やがて日本国興隆の光明となるであろう。――

校長の訓示には、敗戦という挫折を、誇りをもって乗り越え、新たな時代のリーダーとなって国の再興に貢献してほしいとする、教え子たちへの大きな期待が込められていた。

この訓示と同時に、海軍兵学校と海軍経理学校では、「今後の生徒心得ならびに参考事項について」という通達を出し、日本海軍が消滅してからの生徒の心得や、進学・就職の手続きなどについて説明をした。「心得」には、おおよそ次のことが書かれていた。

・社会に出れば、海軍生徒だったときのように懇切丁寧《こんせつていねい》に面倒を見てくれる者はない。今後は依頼心を起こさず、独力で自己の進路を切り開いていかなくてはいけない。その際は緊褌《きんこん》一番、新生の第一歩を力強く踏み出しなさい。

・冷静沈着に常識をはたらかせ、ものごとを考察、判断し、流言蜚語《りゅうげんひご》にまどわされないようにしなさい。将来を悲観的に想像し、意気消沈することのないように。運を天にまかせて、明朗闊達《めいろうかったつ》に生きていきなさい。

・新聞やラジオの報道に注意し、時勢の流れに敏感でいなさい。

・正式に生徒を免ぜられるまでは海軍生徒なのだから、きちんとした服装をし、正々堂々と行動しなさい。曖昧《あいまい》、乱雑な言動は慎むように。

栗田校長の訓示と「今後の生徒心得」は、敗戦直後の私たちに、挫折を乗り越えて自分らしさを失わず生きていくためには、真の意味でのプライドを持つことが大切である、と教えてくれたような気がしている。

社会環境が大きく変わった今でも、その教えは少しも古くなっていないと思う。

その後、私たちは十月一日付で正式に海軍兵学校の生徒を免ぜられ、十月上旬、「海軍兵学校第一学年生徒教程を修業す」と印刷された修業証書と、七十円の退職金をいただいた。海軍兵学校は国家に奉職する少尉候補生を養成する機関だったので、在校期間も一種の勤務とみなされたようだ。二号生徒の退職金は百五十円、一号生徒は四百五十円だった。

当時は警察官の初任給が六十円ぐらいだったので、私たちはみな、七十円という額に、「ええっ!」とびっくりしたものだ。

とはいえ、戦後の食糧難は深刻だった。お米一升の値段は、政府が定めた基準価格で五十三銭ほどだったが、誰もがこの値段で簡単に買えるわけもなく、闇市《やみいち》では七十円もの高値で売られていたそうだ。戦前はただ同然だったイワシも、十尾で一円以上したころである。

このため、七十円の退職金は、食糧や日用品を買ううちに、あっという間になくなってしまった。

## 江田島と七七期生のその後

終戦後、日本から軍国主義勢力が一掃されることになった。一九四五(昭和二十)年十一月三十日には海軍省と陸軍省が廃止された。

私たちが去ったあとの江田島にはアメリカ軍が進駐し、かつて生徒たちが毎朝国旗を掲揚《けいよう》していた校庭の中央の柱には、星条旗が掲げられた。

島には、進駐軍相手のダンスホールやキャバレーなどが軒を連ねる歓楽街ができ、夜ごと、ジャズのリズムと女性たちの嬌声《きょうせい》が響いたそうだ。島の人たちは、海軍兵学校があったころとさま変わりした環境から子どもたちを守るために、大変な努力をしたと聞く。

その後、一九五六(昭和三十一)年に江田島のアメリカ軍キャンプは閉鎖され、旧海軍兵学校の施設は日本に返還された。返還当時の江田島本校は、生徒館や大講堂の内壁に派手なペンキが塗られ、建物のいたるところにアメリカ軍が残していった家具が散乱して、まさに「国破れて山河あり」の状態だったそうだ。返還式が行われるとすぐ、本校の跡地には、海上自衛隊術科学校が横須賀の田浦から移転してきた。

これらのことは先輩方のお話や記述から知ったことで、私自身は終戦後ずっと、江田島を訪れる機会はなかった。しかし、都内で行われる同窓会にはできるだけ出席し、同期生や先輩方との交流を続けている。

海軍兵学校の生徒は、伝統的に数学や理科を得意とした者が多く、私たち七七期も六割近くが理系の学部に進学した。その後の進路は、官公庁や地方の公務員、教師、医師、銀行、建設、電力・ガス、商社、農林水産、マスコミ、著述業、芸術家など多彩だ。

栗田校長が「別れの訓示」で期待した「光明」となれたかどうかはわからない。ただし、新しい時代を任された者として国の役に立つという志は、みなが持っていただろうし、そういう仕事をしてきたという自負も、それぞれが、それなりに持っていると思う。

終戦から七十年を経て、三千七百五十六名いた七七期のうち、約三分の二の方が鬼籍《きせき》に入られた。

先輩方の多くは戦争で命を落とした。特に、一九三九(昭和十四)年七月卒業の六七期から一九四一(昭和十六)年十一月卒業の七〇期までの戦死率は、実に六十五%前後にもなる。

太平洋戦争が、いかに多くの若い命を奪ったか。戦場に行かず終戦を迎えた私たちが、どれだけ幸運だったか。改めてそう思わずにはいられない。

※1　当時、特に一九三一(昭和六)年と一九三四(昭和十)年の気候は、夏になっても気温が上がらず、米が不作で、東北の農家は疲弊し、娘を娼家に売る家がたくさんあり、大きな社会問題になっていた。

※2　一九三九(昭和十四)年に満州とソ連軍の勢力下にあった地域のノモンハンで日本陸軍の関東軍がソ連の軍隊と交戦し、関東軍はソ連の戦車に火炎瓶を投げつけて戦うような負け戦だったが、我々の頃の学習院の配属将校の大佐は、その時の聯隊長だった。

※3　のちに海軍兵学校でも分列行進をよく行った。それは「実戦を行わないで相手を威圧するためなので、特に姿勢よく立派に見えるよう行う」といわれた。学習院では何もいわれず、どうして行進するのか誰もわからずにやっていた。

# 第二章

# 戦争がなかった江戸時代

## 海外から評価の高い「徳川の平和」

イギリス国営放送BBC(英国放送協会)制作の歴史ドラマシリーズに「ウォリアーズ～歴史を動かした男たち(原題：WARRIORS)」(二〇〇八年製作)がある。シリーズ1は世界を動かした英雄六人の物語を描いたもので、ナポレオン、スパルタクス、リチャード獅子心王《ししししんおう》、コルテス、アッティラ大王とともに、徳川家康が取り上げられている。

家康の回のタイトルは「決戦！関ヶ原(原題：SHOGUN)」で、日本史上、国内最大の合戦ともいえる関ヶ原の戦い前後の人間ドラマを描いている。居城で寝床についた家康を忍者が襲うシーンなどは視聴者(イギリス人)向けのサービスカットだろうが、奇しくも同日の九月十五日に起きた松平信康の切腹(一五七九年)と関ヶ原の戦い(一六〇〇年)を巧みにストーリーに織り込む点など、日本史を丹念に調べていることがわかる。

この冒頭のナレーションで、日本の歴史を知らないであろう海外の人に向けて、家康を以下のように紹介している。

これは偉大な武将の物語である

その偉業はシーザーやナポレオンに匹敵する

彼は二百五十年に及ぶ支配の礎を築いた

その哲学は現代に至るまで日本を形作ってきた

地中海世界に「パクス・ロマーナ（ローマの平和）」をもたらす、ローマ帝国成立への道を切り開いたシーザー（ユリウス・カエサル）。ナポレオンは西ヨーロッパに一代で大帝国を築き、近代的な法や政治を広めた。ＢＢＣのテレビ製作者は彼らと同等の評価を、家康に与えているのだ。

ＢＢＣのドラマで家康は高い評価をうけているが、私が調べたところ、イギリスが家康を偉大な武将といっている証拠が三つある。

・イギリスが幕末に日本との再交を記念して、当時の女王、ビクトリア一世用に新造したヨット（といっても優美な軍艦）をときの将軍家定（十三代）に寄贈したこと。軍艦の英国名はエンペラー、日本名は蟠龍丸《ばんりょう》。

・ビクトリア一世は今までインドや中国では相手国に強く当たったが、日本に対しては紳士的に振る舞えと命じていること。

・イギリスが昔、家康と国交を始めたことを忘れず、当初の日英交流からちょうど四百年目の二〇一三(平成二十五)年に、記念金貨と銀貨を発行している。その貨幣《かへい》の表面には、当時の英国王ジェームズ一世と家康の像が対面の形で打ち出され、裏面は現在のエリザベス二世となっている。五十ペンスと五ペンスで、各四百枚の発行というものである。家康のついた貨幣は、世界でこれだけしかない。

日英交流四百周年記念金貨

なお、国交を始めたとき、英王室は立派な西洋式の甲冑《かっちゅう》を家康に贈っていて、これは日光の東照宮にある。

欧米での家康の評価は日本で考えている以上に高い。それは何よりおよそ二百六十年間も続く「徳川の平和(パクス・トクガワ)」の土台を築いた点にある。

多種多様な民族、文化、宗教が存在することもあり、ヨーロッパでは二百年以上も戦いがないという時代はなかった。特に家康が江戸幕府をつくり、徳川幕府による支配を確立させた十七世紀は、ヨーロッパ史では「十七世紀の危機」と呼ばれ、戦争や伝染病による社会不安が増大した時代だった。

神聖ローマ帝国を舞台にヨーロッパ中を巻き込んだ三十年戦争、イギリス全土に内戦が広がったピューリタン革命など、枚挙に暇がないほどの戦争が起きている。

一方、同時期の日本は自然災害を除けば、天下は泰平。裕福な商家だけでなく、お年寄り、女性、子どもまで、毎年数百万人規模の人たちが道中の観光を楽しみながら、お伊勢《いせ》参りに大挙して出かけた。街道沿いには「御師《おんし》」と呼ばれるツアーガイドもいた。ヨーロッパの状況を考えると、それは奇跡に近い。

長期間、戦争が起こらなかった結果、支配者層であった武士から被支配者層であった町民にまで、広く教育が行き届くようになった。江戸後期から幕末期の日本の識字率は、江戸で八十％前後、僻地《へきち》の農村でも二割が文字を読めたという。同じころ、イギリスの大工業都市部の識字率は二十％前後、パリでは十％未満だったといわれる。

十九世紀末、日本が短期間に近代化を成し遂げた理由として、政治体制や教育体制を改革し、殖産興業に力を入れた「明治維新」の意義について語られることが多い。それは確かに大きな理由の一つだろう。しかし、私は江戸時代の教育レベルの高さがそれらの下地になっていることを忘れてはならないと思う。

日本の近代史は、明治維新を成し遂げた新政府側の見方で語られることが多く、敗者となった徳川幕府方、さらには江戸時代については、未だに評価が高くない。ただし、冒頭で紹介したテレビドラマを見ていると、「徳川の平和」について日本でも再評価されるのではないかと考えている。

## 争いの時代を終わらせた家康

家康の旗印といえば三河《みかわ》の大名だったころから掲げていた「厭離穢土《おんりえど》　欣求浄土《ごんぐじょうど》」である。浄土宗の思想を表す言葉で、「穢《けが》れた現世を厭《いと》い離れ、清らかな極楽世界への往生を欣《よろこ》んで願い求める」といった意味がある。

家康はこの言葉に「無秩序な戦乱の世から離れ、秩序ある平和な社会を求める」という理想を託していた。つまり、青年期から、国づくりのビジョンの一つとして、平和な世界を思い描いていたことになる。

信長、秀吉、家康の三人のなかで、「もしも自分が天下をとったなら、こういう世の中をつくろう」という確固たるビジョンを描き、それを実現したのは家康だけである。

秀吉は、明確な国づくりのビジョンを描いていたとはいいがたい。豊臣政権が秀吉一代かぎりで終わってしまった要因は、そこにあるともいえるだろう。信長は、「天下布武《ふぶ》（武家の政権によって天下を支配する）」というビジョンを掲げてはいたが、やり方があまりにも苛《か》烈《れつ》だったため敵を多くつくり、家臣たちにもビジョンは理解されず、最後は明智光秀に暗殺されてしまった。

私は立教大学名誉教授の藤木久志が書いた『飢餓と戦争の戦国を行く』（朝日選書）を読んで、戦国時代に来日したポルトガル人宣教師ルイス・フロイスが著書『日本史』のなかで、九州で目にした薩摩《さつま》・島津氏の戦争の実情について伝えていることを知った。

島津軍に攻め込まれた豊後《ぶんご》の人たちの多くが、戦火の巻き添えになって命を落としたり、餓えや病で死んだりした。悲惨だったのは、敵軍に「戦利品」として拉致された人たちだ。

フロイスは婦人、少年、少女に対する「異常なばかりの残虐行為」について「最大に嘆かわしく思われた」と語っている。藤木は、「おそらく戦場に広がっていた性暴力を示唆したもの」と分析している。

捕虜《ほりょ》たちは最後には肥後《ひご》まで連行され、家畜のごとく売り飛ばされた。そこでこき使われたあげく、今度は島原半島まで連れて行かれ、ポルトガル、タイ、カンボジアなどの奴隷商人に転売されたそうだ。当時は、戦場での人さらいが悪事とは思われていなかった。こうした所業《しょぎょう》は、おそらく戦国武将の多くがやっていたことだろう。

戦国時代というのは、血で血を洗う本当にひどい時代だった。この本の中で、私は日本には、「七度の餓死に遭うとも、一度の戦いに遭うな」ということわざがあることをはじめて知った。「飢饉《ききん》で七度命を落とすより、戦争に一度遭うほうがよほど悲惨だ」という意味だという。

当時の旗印は政治スローガンでもある。「厭離穢土　欣求浄土」という旗印を掲げた家康は、罪のない民衆が凌辱され、戦争奴隷として売り飛ばされるような世の中を終わらせて、農民が安心して仕事に精を出せる社会の建設をめざしていた。

はじめのころは領国を治めるための理念だったと思うが、天下を狙えるポジションに昇っていくにつれて、「全国を整然とした秩序のもとに統治すること」が家康の使命となり、二百六十年以上におよぶ一時代の礎を築く大きな原動力となった。

大坂夏の陣で豊臣氏が滅び、元号は「元和《げんな》」と改められた。「平和の始まり」という意味だ。元号は朝廷が決めるものだが、そこには家康の意向が働いていたように思う。応仁の乱以来、百五十年近くにわたって続いていた戦乱の世にようやく終止符《しゅうしふ》がうたれ、平和な時代が幕を開けたことを、家康は宣言したのだった。

## バランス感覚が冴える大名統制

秀忠に将軍職を譲ってからも、家康は大御所として政治の采配を振った。

関東を中心とした幕府の土台づくりに関しては江戸の秀忠に任せたが、駿府《すんぷ》の地で家康は、統治国家として天下泰平《てんかたいへい》の基本となる政策や制度を打ち出し、幕府のさまざまなシステムをつくりあげていった。

のちに福澤諭吉は、それらのシステムの特徴を「平均の妙」という言葉で表現している。

別の言い方をすれば、「ほどほど」ということだ。

家康は、何事にもうまくバランスをとって治めようとしていた。例えば関ヶ原の戦いのあとの大名の再配置では、外様《とざま》大名を江戸から遠い地に置いた代わりに大幅な加増をして不満が出ないようにした。それに比べて、譜代《ふだい》大名への加増はわずかだった。

そして、親藩や有力譜代は、外様の領地と隣接する地帯や交通の要所などに配置した。家康の狙いは、親藩や譜代に豊臣勢力や外様大名を監視させることだったが、それと同時に、譜代同士も互いに牽制し合うようにし、その配置には非常に気を使っていたようだ。

また、徳川政権の大きな特徴の一つとして、老中や若年寄、各種の奉行などをすべて譜代大名から登用し、外様大名には幕政に関与させなかったことがある。

家光の時代から正式に職が定められた老中は、譜代大名のなかでも一万石から十万石内外の家から任命されていた。定員は五、六名で、月番といって一カ月交代で勤務し、政務は合議制で行った。

これらは特定の老中に権力を集中させないための工夫で、このあたりを福澤は「平均の妙」と評価したのだろう。

外様大名で最も石高の多かったのは加賀の前田氏だが、石高は百万石以上でも、中央における権力はまるでなかった。その逆に、石高数万であっても譜代なら幕政を動かすことができた。石高は低くても権力は大きかったわけだ。

一大名に「石高」と「権力」が集中すれば、やがて謀反を起こすかもしれない。幕府は、「石高」と「権力」とのバランスをうまくとりながら、こうした危険性を未然に防ごうとしたわけだ。

大名は法でも統制された。大坂夏の陣が終わるとすぐ、大名の居城を一つに限る「一国一城令」を発し、諸大名を統制する「武家諸法度」を制定した。

江戸時代には、七代家継《いえつぐ》と十五代慶喜《よしのぶ》を除いて、将軍が代替わりするたびに武家諸法度が出されたため、発布されたときの元号をつけて区別している。

家康が発布した「元和令」は、幕府に内緒で新しい城を築いてはならないこと、隣国で不審な動きがあれば幕府にすぐ届け出ること、幕府の許可なく大名同士で婚姻してはならないことなど、十三カ条からなり、違反すればお家断絶や改易などの厳しい処分が下された。家康から三代家光までの約四十年間に、全国で百三十名の大名が改易された。

ただし、改易による浪人の増加を防ぐ狙いで、四代家綱《いえつな》のころになると、こうした厳しい大名統制は徐々に緩められることになる。末期養子《まつご》(家の断絶を防ぐための緊急の縁組)の禁を緩和した家綱の時代の「寛文令」では、大名の家臣については人質を江戸に住まわす大名証人制度を廃止したりした。

さらに、五代綱吉《つなよし》の時代に出された「天和令《てんな》」になると、家康以来、第一条に掲げられてきた「文武弓馬《ぶんぶ》、専ら相嗜むべき事」が、「文武忠孝《ちゅうこう》を励し、礼儀を正すべき事」に改定され、弓矢ではなく、礼儀をもって国を治めることをはっきりと宣言している。

考え抜かれた大名統制のもと、ペリーの黒船が来航するまで、わが国の平和は保たれた。三代家光から四代家綱の時代にかけて、島原の乱と慶安の変(軍学者の由井正雪《ゆいしょうせつ》らが幕府転覆を画策した事件)が起こったが、大規模ないくさは起こらなかった。

## 農民や寺社の統制は寛容性も重視

社会秩序を重んじる家康は法の運用に厳格で、統制の枠組みも厳しくつくり上げた。しかし一方で、かつて今川氏が制定した「今川仮名目録」で原則とされていた喧嘩両成敗を継承し、死刑に対しては慎重な姿勢を示すなど、〝枠内〟にあるかぎりは、できるだけ寛容に対処するようにした。

それは大名に関してだけではない。農民から寺社(宗教)、朝廷にいたるまで、その姿勢は貫かれた。

農政に関しては、「農民は国の土台」という姿勢を打ち出した。

江戸中期に書かれた『落穂集《おちぼしゅう》』には、家康が「郷村の百姓を、死なぬよう、生きぬように」と考えて年貢の収納を申しつけるように」といったと書かれている。そのため、家康が非人道的な政策で農村の暮らしを圧迫したと批判する説もあるが、現実はむしろ逆だった。

側近の本多正信は、「一年分の食糧と、翌年に必要な種もみを見積らせ、余りを年貢として納めさせることが肝要」と言っている。

農民が年貢を納めず財を貯めこむようでは困るが、かといって生活が立ち行かないようでは、年貢を主財源とする幕府の経営は成り立たなくなってしまう。つまり、「死なぬよう、生きぬように」というのは、農民の生活水準を一定に保つことを意味していた。

農民の直訴や一揆に対しては弾圧したが、家康は決して強権的に農民を押さえようとしたわけではない。以下のような手立てで農民の保護も図っていた。
・年貢に関する農民の直訴は禁じていたが、代官や下役の不正に対しては農民に直訴権を認めていた。これによって失脚した代官もかなりいる。
・幕府の直轄領《ちょっかつ》では、過酷な年貢の取り立てや、農民をむやみに使役することを禁じ、農民が罪を犯しても殺してはならず、奉行所で裁きを行うように命じていた。
・貧しい農村の暮らしを改善するために、各地で河川の改修や築堤《ちくてい》を行い、用水路を開削し、新田開発をさかんに推し進めた。

さらに、諸藩の山林には古くからの慣習にのっとった入会権《いりあい》を認め、山林の利用や管理に関する規律はそれぞれの村落に任せたたし、漁師たちには入漁権を持たせていた。

寺社政策に関しては、一六一二(慶長十七)年から宗派ごとの寺院法度を順次制定して、宗教界の統制を進める傍ら、本山・本寺の地位を保障し、有力な寺社には幕府から所領を寄進し、堂宇《どうう》の修築なども進めて保護した。

三河時代に一向一揆の平定に苦労した家康は、宗教界と対立して民衆の反感を買わないよう、アメとムチを上手に使い分けたのだ。

家光の時代には寺社奉行が設けられて、神社仏閣を取り締まるようになった。三奉行（寺社奉行、勘定奉行、町奉行）のなかで寺社奉行の権限は最も大きく、何かことが起きたときには独断で旗本を召集することができた。これは、「宗教の問題をけっして軽んじてはいけない」という家康の考えをふまえているのだろう。

一方、朝廷対策に関しては、まず一六一三（慶長十八）年に「公家《くげ》諸法度《しょはっと》」で公家たちの規律を正し、大坂夏の陣のあと十七条からなる「禁中《きんちゅう》並《ならびに》公家諸法度」を制定し、朝廷全体の運営方式を定めた。「禁中並公家諸法度」は、朝廷が政治に関与することを事実上禁じるもので、江戸時代を通じて朝廷に対する政策の基本規定とされた。

家康は朝廷の守護という名目で京都所司代を置き、公家たちが武家や寺社勢力と接触しないように監視させた。朝廷と幕府をつなぐ窓口として、公家から武家伝奏《てんそう》という役を選び、京都所司代を通じて幕府の意向を伝えるようにした。

また、各地に散在する禁裏《きんり》御料《ごりょう》（朝廷の領地）を整理し、改めて山科《やましな》に一万石の領地を献じた。その後、三代家光と五代綱吉の治世に朝廷の領地は少し増やされて計三万石になったが、「天皇家の領地を取り上げた」ことが、明治以降、家康が非難される要因の一つになった。

一見、厳しいとも思える朝廷に対する姿勢だが、徳川将軍家は武家社会で絶対的な権力を誇ったものの、征夷大将軍という職は天皇から任命されるため、朝廷に対しては臣下の礼をとっていた。禁裏御料を最小限にとどめたといっても、幕府の費用で御所の大規模な修築を行い、さまざまな贈り物をして天皇を敬う気持ちを示していた。

また、長らく途絶えていた伊勢の神宮の遷宮《せんぐう》の復活にも幕府は費用を提供した。

さらに公家を政治に関与させない代わりに、お香やお花や蹴鞠《けまり》など、それぞれの分野の指導的立場を与え、それでそれ相当の収入を得られるようにもした。

その点が、自分のために豪華な聚楽第《じゅらくだい》をつくっても、御所の大修築をしたわけではない秀吉とは違う。家康は、「公家は、位は高いが豊かではない。諸大名は、収入は高くても位は低い」ということにして、公武の釣り合いをとろうと考えたのだと思う。

家康は、国の政治から民間の細事にいたるまで、特定の人たちが一方的に得をしたり損をしたりしないよう配慮した。もちろん、封建社会のことだから万人平等とはいかなかったが、「ほどほどの精神」で社会全体がバランスよく成り立つように心をくだいた。

それが結果的に、世界でも稀な二百六十年あまりの泰平を維持し、文化を発展させることにつながったといえる。

**江戸幕府の戦後処理**

江戸幕府を語る上で、見落とされがちな点が、豊臣秀吉が断行した朝鮮出兵の戦後処理を担った政権であることだ。

イエズス会の関係者から、明(中国)の国力が非常に弱っていると聞いた秀吉は朝鮮出兵を断行した。秀吉の構想は、朝鮮を占領したのち、半島を北上して明に攻め込み征服し、諸大名に領土を分け与え、北京に天皇を移して中国皇帝の座につけるという、恐るべきものだった。天下統一が果たされたため、領土がもはや拡大できないという、諸大名の不満を解消しようとしたことも、秀吉の計画に入っていた。

一五九二(文禄《ぶんろく》元)年三月、第一陣として約十六万の将兵が玄界灘《なだ》を渡って朝鮮半島の釜山《プサン》に上陸。わずか半日で釜山を占領し、三週間ほどで首都・漢城(現在のソウル)を陥落させ、六月には平壌《ピョンヤン》も占領した。

従軍した武士が書き残した記録によると、ひざまずいて命乞いをする朝鮮の人たちを日本軍は老若男女の別なく斬り殺し、踏みつけて進軍し、あとに残った斬り首は三万にもおよんだそうだ。

ただし、日本軍の進撃は平壌占領までで、李舜臣《イスンシン》の率いる朝鮮水軍の活躍のほか、朝鮮義兵の激しい抵抗や明からの援軍などによって、日本からの補給の不足がひどくなり、戦局は不利になった。

八月には早くも明との和睦《わぼく》交渉が始まった。秀吉は強硬な姿勢を変えず、明の降伏や朝鮮南部の割譲《かつじょう》などを求めたが、和平の実現を急ぐ現地の家臣は、それを明側に伝えなかった。その結果、明が日本に派遣した使者は、「秀吉を「日本国王」に封じ、その朝貢《ちょうこう》を許す」という、いわば上から目線の態度をとった。

これに激怒した秀吉は、一五九七(慶長二)年、約十四万の軍勢を再び朝鮮へ送り込んだ。しかし、日本軍の士気は著しく低下しており、最初から苦戦を強いられた。翌年、戦いが泥沼化するなかで秀吉は死去。日本の将兵たちは、命からがら撤退した。これが秀吉による朝鮮出兵のあらましである。

約七年間にわたる侵略戦争で明・朝鮮との国交は断絶し、日本はアジアのなかで孤立してしまった。家康はその後始末をして、明、朝鮮側とは仲直りし、さらに東南アジアとの朱印船貿易による親善外交を復活させた。

家康は「今や我が国は太平なので、商人は安心して往来できる。幕府公認の貿易船に朱印状を持たせるので、それ以外の日本船と交易しないでほしい」との書状をまず、安南（現・ベトナム）、カンボジア、シャム（現・タイ）、ルソン（現・フィリピン）にあてて送った。豊臣政権の乱暴なやり方を反省する姿勢を示し、徳川新政権が平和主義であることをアピールしたのだ。

一六〇三（慶長八）年に征夷大将軍となり江戸に幕府を開くと、その翌年から正式に朱印船貿易を開始した。朱印状には、「源家康忠恕《ちゅうじょ》」と記されていた。忠恕とは、「真心を尽くす」こと。親善外交であることを明確にうたっている。

翌年から、十三年間で百九十五通の朱印状が発行され、東南アジア各国に朱印船が渡海した。日本からは主に銀を輸出し、絹糸、絹織物、毛皮、魚の皮などが輸入された。

明とは琉球王国を介して国交回復を目指した。明は再び日本が攻めてくることを警戒していたため、それは果たせなかったが、民間貿易で関係を深めていった。

朝鮮通信使往来図　Bridgeman Images／時事通信フォト

朝鮮とは、対馬の宗氏《そう》を通して非公式に講和交渉を進めた。家康の熱心な要請を受けて、朝鮮王国の正式な使節が一六〇七(慶長十二)年から来日するようになった。朝鮮使節は江戸時代を通じて十二回来日した。初期の三回は、文禄・慶長の役で日本に連行された朝鮮人捕虜の返還が目的で、数多くの捕虜が返還された。四回目からは朝鮮通信使と呼ばれるようになった。通信使とは、「信を通じる使節」という意味の親善使節だ。

一六〇九(慶長十四)年には、対馬の宗氏と朝鮮のあいだに条約が結ばれ、宗氏は日朝貿易を独占する特権を与えられた。対馬は耕地に恵まれなかったので、貿易の利潤を知行《ちぎょう》の代わりとした。釜山には、治外法権の土地に日本の役人の屋敷がつくられ、貿易を管理した。これを「倭館《わかん》」といい、その広さは一万坪もあったそうだ。

三代家光と四代家綱の時代には、朝鮮通信使が日光の東照宮を訪れている。東照宮の境内にある大きな青銅製の鐘や、家光の廟所《びょうしょ》・大猷院《たいゆういん》にたくさん並ぶ銅製の燈籠《とうろう》のうちの一対は、当時の朝鮮国王から贈られたものである。

また、境内のひときわ高い場所にある家康の墓所(奥社)にも、朝鮮国王からの奉納品が飾られている。家康の棺を納めた宝塔の正面にある、鶴をかたどった燭台、獅子の像を載せた香炉、花瓶がそれで、いずれも青銅製である。

秀吉による無謀な侵略戦争後、日朝関係が比較的スムースに修復できたのは、幕府を開いた家康が朝鮮出兵に加担していなかったことが大きい。国交回復に大きな役割を果たした朝鮮の僧、惟政に対し、家康はこの点を強く主張している。

家康の平和主義は歴代将軍に受け継がれ、江戸時代を通じて日朝間に争いは一度もなかった。

## 海外派兵をしなかった江戸時代

朝鮮出兵をした秀吉、また大陸進出の構想を持っていたといわれる信長に対し、家康に武力による海外進出を図ろうとした形跡は見られない。

家康は、一六〇九(慶長十四)年にスペイン船が上総《かずさ》沖で難破した際、救助された乗組員を手厚くもてなしている。翌年、船を与えてスペイン領メキシコに帰した。

スペイン国王フェリペ三世は救助のお礼として、家康に小型だがゼンマイで動く置時計を革箱に入れて贈った。現在、その時計は久能山東照宮に保管され、革箱(本体だけでなく、革箱まで残っている世界で唯一のもの)を含め、国の重要文化財に指定されている。

この時計は十六世紀にベルギーのフランドル地方でつくられたもので、当時の最高技術が用いられた傑作だそうだ。最近イギリスの著名な時計職人が修繕して動くようになっている。

スペイン国王から最高傑作の時計を贈られたことは、当時の日本がヨーロッパからも一目置かれるようになったことの証明といえる。前述のとおり日光東照宮には、国交を開始した時に記念として英国王から贈られた西洋式の甲冑も保存されている。家康の平和外交は、東南アジア各所に貿易拠点を置くヨーロッパにも伝わっていたのだ。

ところが、一六一二(慶長十七)年、幕府は直轄領に禁教令を出し、翌年、これを全国に広げた。いわゆる「鎖国」の始まりである。

家康はそれまで貿易振興のためにスペインやポルトガルにキリスト教の伝道を認めていた。それが一転してキリシタン禁教に踏み切ったのは、ある事件がきっかけだった。

一六一一(慶長十六)年、スペイン国王の使者ビスカイノが、「貿易に適した港を探したい」と申し出て、幕府の許可を得て江戸から仙台あたりまでの海岸線を測量した。スペインの本当の目的は貿易ではなく、「金銀島」の探索だった。当時、ヨーロッパでは、日本近海に金銀を産出する島があると噂されていたのだ。それがないとわかると、ビスカイノはさっさと本国へ帰ってしまった。

このとき、幕府の外交顧問・イギリス人の三浦按針《あんじん》(ウイリアム・アダムズ)が、「スペインは日本を植民地にしようと企んでいます。気をつけなければいけません」と進言した。按針は一六〇〇(慶長五)年にオランダ船「リーフデ号」で豊後に漂着し、オランダ人のヤン・ヨーステン(日本名・耶揚子《やようす》)とともに家康に召し抱えられた人物だ。

スペインはカトリック、イギリスやオランダはカトリックではないため、按針がスペインを排除するようなことをいったとしても不思議ではない。

家康は、ヨーロッパの宗教戦争についても按針から教えられていたのではないか。フランスでは一五六二(永禄五)年から三十年以上のあいだ、貴族間の党派争いと新旧の宗教対立が結びついた「ユグノー戦争」が起きていた。

また、鎖国の完成は、平戸のオランダ商館を長崎の出島に移転した一六四一(寛永十八)年とされる。禁教令が出てから、鎖国が完成するまでの期間は、ヨーロッパの二大王家のハプスブルク家とブルボン家の敵対などと、旧教と新教の対立を背景とした「三十年戦争」の時期とほぼ一致する。

とはいえ、オランダのほかに、中国(明および清)との民間貿易は継続しており、朝鮮とも対馬藩を窓口として貿易していた。ほかにも、薩摩藩は琉球を介して清国と、加賀藩は樺太《からふと》を中継地としてロシアと密貿易をしていた。現実には、海外とのチャンネルは意外にも多かった。

鎖国が完成した直後の一六四四年(寛永二十一)年、中国では明にかわり、清王朝が設立された。翌年、明朝の再興をめざす海商の鄭芝龍《ていしりゅう》・成功《せいこう》父子が、日本に援軍を求めてきた。かって芝龍は平戸に住んでいたことがあり、そのとき日本女性とのあいだに生まれた子どもが成功だった。

援軍の要請は再三に及び、幕府では鄭父子を援助するかどうかで議論になったが、結局、幕府は彼らの要請には応じなかった。彼らを援助しても、明が再建できるとは思えなかったからだ。それに加えて、当時は幕藩体制の確立期で、国内には解決すべき問題がまだ多く、海外に派兵する余裕などなかった。なにより、援軍を送れば清朝との関係が悪化し、いくさの時代に後戻りする恐れがあった。

日本にとっての鎖国は、「海外との窓口を閉じる」のではなく、むしろ「外国を攻めることを止める」という宣言なのかもしれない。

## 自然災害や飢饉に向き合った幕府

家康以来、幕府の巧みな国内統制で、江戸時代はいくさとは無縁の平和な時代だったが、一方で自然災害、それにともなう飢饉《ききん》にはたびたび悩まされた。

なかでも甚大《じんだい》な被害を出したのは「天明の大飢饉」だ。引き金になったのは一七八三（天明三)年の浅間山大噴火だ。噴火は四月から七月まで続き、噴火による直接の死者は二万人といわれる。噴火は異常気象を引き起こし、その後六年にわたり諸国で冷害による大凶作が続いた。

江戸時代の平均気温は今よりだいぶ低く、暖かい時期で約二度、寒い時期では五度も低かったそうだ。浅間山の火山灰が太陽光を遮ったことで、この時期はさらに気温が低下し、江戸では隅田川が冬になるとたびたび凍ってしまったほどだった。

「天明の大飢饉」では、飢餓とともに疫病も流行したため、全国で数十万人の死者を出したという。特に被害がひどかったのは東北地方で、弘前藩の餓死者や病死者は少なくとも八万人、津軽藩では十数万人に達したと伝えられている。

今でこそ「米どころ」と呼ばれているが、東北一帯は江戸時代になってようやく諸大名が本格的な開拓を始めた。仙台藩では実高で百万石を超える石高を誇るようになったが、厳寒の陸奥《むつ》は、とてもそうはいかず、穀物の備蓄も進まなかった。

二毛作ができる西日本と違い、東北は収穫期が一回しかない。冬の間は大雪で雑草すらとれない。その一回が不作だとすぐに食べるものに事欠くようになる。農民たちは、稗《ひえ》、粟、蕎麦《そば》、サトイモの茎などで飢えをしのいだが、それも尽きてしまった。餓死者の肉を食べることさえあった。

一七八六(天明六)年七月には、大飢饉に追い打ちをかけるように利根川が氾濫《はんらん》した。川底に積もった浅間山の火山灰が原因のようだ。関東は幕府始まって以来の大水害に見舞われ、江戸では隅田川に架かる永代橋と新大橋が落ち、両岸の集落が浸水した。

翌年五月、江戸・大坂をはじめ全国の主要都市で、同時多発的に打ちこわしが起こり、これは江戸時代を通じて最多の発生件数となった。なかでも江戸の打ちこわしは激しく、五千人の人々が市中全域にわたって米屋や富商の家を襲い、一時は無政府状態になった。「鬼平犯科帳」でおなじみの長谷川平蔵らが市中取締りに出動し、鎮静化に努めたが、将軍のお膝元で勃発《ぼっぱつ》した騒動は、幕府に大きな衝撃を与えたのだった。

こうした治安の悪化、さらには贈収賄《ぞうしゅうわい》疑惑などが重なり、失脚した田沼意次《おきつぐ》のあとを継いで、幕政を担ったのが白河藩主の松平定信だった。白河藩で飢饉対策に成功した腕を買われ、老中首座に就いた定信は早速、解決に乗り出した。

定信の飢饉対策の一つが囲米の制度である。幕府領地の農村に郷蔵《ごうぐら》をたて、米や麦などの穀物を貯蔵。大名に対しては一万石につき五十石の割合で、一七九〇（寛政二）年から五年間、籾《もみ》を備蓄するように命じた。さらに、江戸では町の運営に必要な経費を節約させ、その節約分の七割を積み立てる七分積立の制度を始めた。こうして蓄えられた穀物や金銭は、凶作時には放出され、そうでないときには困窮者に貸し付けられたりした。

松平定信の自叙伝『宇下人言《うげのひとこと》』によると、この結果、「御三家・御三卿を除き、約四〇万石の囲籾ができた」（『岩波講座　日本歴史一三巻　近世四』岩波書店）という。

もともと家康が海外貿易や金山・銀山などの鉱山開発を積極的に進めたのは、単に私腹を肥やそうとしたわけではない。国のため、そこに暮らす民のためでもあった。

家康が大御所になったとき、秀忠に金三万枚、銀一万三千枚を与え、「浪費を慎《つつし》み、この上にさらに金銀を積み蓄えていくように」と釘を刺したあと、このようにいったと伝わっている。

「この金銀は万が一のときに役立てよ。第一は戦争、第二は地震などの天変地異、第三は飢饉のときである。民や地方の役人の力ではどうにもならない変事が起きたときには、政《まつりごと》で救ってやらねばならない。国費はそのために使うものなのだ。それこそが、天下を治める者の本懐である」

実際、家康はよく米の売買をしたようだ。米価が高騰すると米を売りださせ、低下したら買い入れさせて、米価をコントロールしていた。中国春秋時代の斉《せい》の政治家、菅仲《かんちゅう》らが『菅《かん》子《し》』のなかで説いた物価安定策「糶糴《ちょうてき》法」を実践したわけだ。

家康は民を飢えさせないことを幕政の基本に置いていた。農民から徴収する年貢を基本に運営される幕藩体制は、武士の存在だけでは成り立たないことを、家康は十分理解していた。

## 諸外国からの圧力と幕府の対策

「ペリー艦隊来航の外圧によって江戸幕府の終わりが始まった」といわれることが多い。しかし、必ずしもそれは正しくないだろう。それ以前にも日本に対する欧米列強からの侵略の危機はあった。

実はロシアでは一七〇五(宝永二)年に、ピョートル大帝の命令で、日本人漂流民を教師とした日本語教習所が、ペテルスブルク(のちのロシアの首都)に開設されていた。なんと五代将軍綱吉の時代から、ロシアは日本への南下を視野に入れていたのだ。

一七六八(明和五)年にはイルクーツクにも日本語学校がつくられ、漂着民の大黒屋幸太夫《だいこくやこうだゆう》が日本語を教えた。幸太夫は伊勢《いせ》の船乗りで、嵐に遭ってアリューシャン列島に漂着したところをロシア人に救助され、ペテルスブルクで女帝エカテリーナ二世に謁見した。

ロシアは、一七七八(安永七年)年に正式に通商を申し入れてきた。蝦夷地《えぞち》を支配する松前藩は拒絶したが、当の松前藩にも、千島や樺太のことはよくわかっていなかった。

一方、ときの老中・田沼意次は、蝦夷地の開発やロシア人との交易を計画。最上徳内《とくない》らを派遣して可能性を調査させた。意次は賄賂《わいろ》政治で有名だが、当時の日本人としては非常に視野が広く、先進的な考えの持ち主だった。

だが結局、意次はこの計画を断念している。蝦夷地では当時は米がまったくとれず、領土としての価値が低いと判断したのだと思う。

意次が失脚したのち、ロシアはラクスマンやレザノフを派遣して通商を求めてきたが、幕府は拒否し続け、東北諸藩を北方警護にあたらせて防衛を強化していた。

このような状況のなか、一八〇七(文化四)年、択捉島《えとろふとう》の中心地、紗那《しゃな》にある日本の会所がロシアの武装船に砲撃され、散々にやられてしまった。日本ではほとんど知られていないが、これは「紗那戦争」と呼ばれる。

だが、実態はとても戦争とはいえなかった。

紗那には津軽・南部両藩の守備隊がいたが、頼みの大砲は弾と筒のサイズが合わず、守備兵のなかには兜の緒の締め方がわからない者までいた。強力な艦載砲をはじめロシアの圧倒的な火力の前に、日本側はなすすべなく、応戦どころか撤退してしまった。二百年も平和な時代が続いたのだから無理もないが、事の次第を知った幕閣たちは天を仰いで嘆いただろう。

この勢いで攻め込まれてきたら、蝦夷地までやられてしまうかもしれない。ショックを受けた幕府は、翌年、間宮林蔵《まみやりんぞう》に樺太を調査させた。

その後、千島列島南部の測量のため、国後島《くなしりとう》に上陸したロシア軍艦の艦長ゴローニンを蝦夷地の防備にあたっていた松前奉行が逮捕監禁した。するとロシアは、択捉航路を開拓した淡路の商人・高田屋嘉兵衛《かへえ》を抑留した。日露関係は再び険悪になったが、二年後に両者の身柄を交換したことで、緊張はひとまず緩和した。

ロシアの日本進出の野望は、同時期に起きたナポレオンのロシア遠征で中断される。この僥倖《ぎょうこう》がなければ、日本は最初にアメリカではなく、ロシアに対して国を開いていたかもしれなかった。
ただし、ロシアとの紛争を通じて、幕府は海外防備の必要性を認識することになる。これがのちのち生きてくる。歴史学者の磯田道史《みちふみ》は『ＮＨＫ　さかのぼり日本史(六)江戸〝天下泰平〟の礎』(ＮＨＫ出版)のなかで以下のようにまとめている。

——日本は黒船来航、すなわちペリーによる強制的な開国を迎えますが、ロシアとの対外危機を経験したことは、幕府にとって外国の脅威に対する予行演習、いわばワクチン接種のような働きをもたらしました。——

**弱腰外交ではなかった開国交渉**

「徳川氏の外交を、今の人は馬鹿にするが、そうでないよ。なかなかよく遣(や)ってあったものだよ」(『新訂　海舟座談』岩波文庫)。明治時代になって、勝海舟は幕末の外交をそう評した。徳川の幕閣は、海外にまったく目を向けようとしない旧弊な輩ばかりだったといわれることもあるが、調べてみるとそんなに悪くはなかった。
幕府の海外情報収集力は案外きちんとしていた。家光の時代から、長崎のオランダ商館長から毎年提出される「風説書《ふうせつがき》」という報告書で、欧米の情報を正確に把握していた。また、清の交易船は日本に年間数十隻も来ていて、清国人からも世界情勢の最新情報を得ていた。

隣国の清でアヘン戦争（一八四〇～四二年）が勃発《ぼっぱつ》すると、危機感を強めた幕府は、「風説書」とは別に、各国の動向や大国の軍備の実態などを詳細に記した「別段風説書」と呼ばれる重要機密報告書も提出させるようになった。

この「別段風説書」によって、開国を求めて、アメリカから上陸部隊を乗せた艦隊がやってくることを、一年も前から知っていたのである。

一八五三（嘉永六年）年、アメリカ海軍司令官マシュー・ペリー率いる四隻のアメリカ艦隊が浦賀に来航した。当時、老中首座だった阿部正弘は、開港と交易を求めた国書を受け取ると、訳文を添えて朝廷に提出。大名、幕臣に限らず、庶民にまで広く意見を求めるとともに、出身藩や身分を問わず、有能な人物であれば、積極的に幕府の要職に登用していった。ちなみに外交に意見する建白書は、立場を越えて約八百通も幕府に届いたようだ。

土佐出身で漁に出て漂流したあと、アメリカの捕鯨船に救助され、アメリカ本土で教育を受けた「ジョン万次郎」こと中浜万次郎が海防意見書を提出し、のちに海軍軍艦奉行に抜擢《ばってき》されるほど勝海舟らが見いだされたのは、このときである。

阿部は窮乏する幕府の財政のなかで、海防強化にも着手した。江戸湾には品川台場などの人工島をいくつもつくり、そこに砲台を築いたり、各藩の大船建造の禁を解き、幕府自ら洋式軍艦「鳳凰丸《ほうおう》」を建造したりするなど、矢継ぎ早に対策を講じた。

一八五四(嘉永七)年、国書の返答を迫るべく、再びペリーが七隻もの艦隊を率いて現れた。最新鋭の艦砲を備えた軍艦を背景に、「近海に五十隻の軍艦を待たせてある」などと〝軍艦外交〟で恫喝《どうかつ》するペリーに対し、交渉にあたった昌平坂学問所大学頭《だいがくのかみ》の林復斎《ふくさい》はあわてず毅《き》然《ぜん》と対応した。

人道的な見地から船舶の補給基地として新たに下田と箱館(函館)の開港を認めたものの、それとは無関係と通商要求についてははねつけた。これは交渉に際して、アメリカ側が第一に求めているのは、交易ではなく開港にあるとの感触をつかんでいたからだと思う。

横浜市立大学名誉教授の加藤祐三が書いた『幕末外交と開国』(ちくま新書)にはおもしろい事実も記されている。

アメリカ側からの贈答品の受け取りは相撲力士にさせたというのだ。力士の怪力ぶりを見せつけようとの魂胆で、これにはアメリカ艦隊の屈強な水兵たちも意気消沈したという。幕府はこんなところまで考えて交渉に臨んでいた。

付け加えていえば、ペリーが自らまとめた『ペリー提督日本遠征記』のなかで、自分が交渉にあたった幕府役人たちに地球儀を見せたとき、役人がワシントンとニューヨークの位置を正確に指さしたことに驚いている。こうした日本人の教養の高さも、交渉には有利に働いただろう。

開国交渉がアメリカ側の一方的なペースで進んだというのは、のちに成立する新政府の立場からの歴史の見方だ。少なくとも日米和親条約は、決して弱腰外交の結果、結ばれたものではない。勇ましい開戦論が大勢のなか、冷静に交渉を進めた阿部ら幕府の外交姿勢はもっと高く評価されていいと考えている。

## 江戸を火の海から救った無血開城

「どのようにして天皇の権威を味方につけるか」

徳川慶喜　Adolphe-Eugène Disdéri/ullstein bild/ 時事通信フォト

幕末に起きた政争の多くは、このための知恵の絞り合いだった。倒幕挙兵の勅諚《ちょくじょう》「倒幕の密勅」を朝廷から薩長が受けそうになると、十五代将軍の徳川慶喜は「大政奉還」のカードを出して政権を返上する。武力倒幕の名目を失った薩長は、「王政復古の大号令」のカードを出すという具合に、熾烈《しれつ》な頭脳戦が続いた。

江戸幕府、最後の将軍となった慶喜は、もともと尊王思想の持ち主だった。

一八六四(元治元)年七月に起きた禁門の変では、そのころ禁裏《きんり》守衛総督(御所警護の総元締)と摂海防御指揮(大坂湾防衛の指揮官)を兼任していた慶喜が、まさに獅子奮迅《ししふんじん》の活躍を見せる。

朝廷での勢力回復のため、孝明天皇の拉致誘拐を企て、御所に押し寄せた長州勢に対し、慶喜は愛馬「飛電」にまたがり、部下の軍隊を指揮して長州勢に立ち向かった。飛びかう銃弾をものともせず、御所の各門へと縦横無尽に飛び回って指揮をとるだけでなく、戦闘中に何度も御所のなかへ駆け戻り、震え上がる公卿たちを叱咤《しった》した。

慶喜は水戸にいたころから厳父・斉昭《なりあき》の方針で、剣術、馬術、弓術などを徹底的に仕込まれていた。武術は、いわゆる「殿様芸」ではない。特に馬術は、馬場で馬を乗り回すだけでなく坂道や山道を駆けめぐり、実戦に役立つ訓練を積んでいた。

戦闘はわずか一日で終わり、長州側は壊滅的な敗北を喫した。その後、慶喜はこのときまでかたくなに拒否していた将軍の座を、孝明天皇の鶴の一声で引き受けざるを得なかった。

慶喜が生まれ育った水戸徳川家には、「なにがあろうとも、けっして天皇に弓引くようなことをしてはいけない」という尊王思想が、光圀《みつくに》以来の遺訓として伝わっていた。武術同様、幼いころからそれを叩き込まれた慶喜には、尊王思想が骨の髄《ずい》まで染みこんでいた。

「水戸が政権を取ったときは、幕府が潰れるときだ」

徳川幕府の朝廷政策・宗教政策に深く関わった家康のブレーン、天海僧正は、こう予言していたと伝わる。水戸の強固な尊王思想を警戒していたのだろう。結果的に、天海の予言ははからずも的中してしまうことになった。

戊辰《ぼしん》戦争(一八六八～六九年)で新政府軍よりも戦力が上回っていたにもかかわらず、慶喜が徹底抗戦の道を取らなかった理由もそこにあると思う。新政府軍が「錦《にしき》の御旗《みはた》」を立てて進軍したことを知った慶喜は、さぞかし無念だったろう。

徳川幕府の終焉は、一八六七(慶応三)年の大政奉還ではなく、一八六八(慶応四)年四月十一日の江戸城無血開城だったと、私は考えている。

江戸城引き渡しの日程が徳川家に伝えられたのは、同月四日だった。午後一時、勅使の橋本実梁《さねやな》が、新政府代表の西郷隆盛らをしたがえて江戸城に入城した。橋本実梁は、十四代将軍家茂《いえもち》の正室だった皇女和宮《かずのみや》のいとこにあたる。

勅使一行を迎えたのは、田安徳川家七代当主の田安亀之助《かめのすけ》と、その父親の徳川慶頼《よしより》だった。亀之助は数え年で六歳(満四歳)と幼かったため、父の慶頼が付き添って使者に対応した。慶頼は私の曽祖父である。亀之助は慶頼の三男で、私にとって大伯父にあたる。

勅使一行は大書院に入り、上座に着座。二の間に亀之助や幕府の重臣・大久保忠寛《ただひろ》(のちの東京府知事)、新政府軍の参謀らが座り、下段には徳川家の家臣たちが身を固くして並んでいた。

やがて橋本卿《きょう》から、徳川宗家の相続人を亀之助とすること、江戸城の引き渡しは七日後の四月十一日であることが、朝命として伝達された。既にそのとき、江戸にいた五千人以上の幕臣や兵士たちの大半は城から離れ、行方知れずになった者も多数いた。おかげで表立った騒ぎは起こらなかった。

大奥では、「お役御免」になることを知ったお女中たちが自分の衣類や道具をできる限り運び出したり、天璋院篤姫《てんしょういんあつひめ》(十三代将軍家定の未亡人)が「大奥を出るくらいなら自害する」と言い張ったりと、上を下への大騒ぎになった。幕閣たちが必死で説得し、その騒動も前日までには収まった。

東征大総督として入城したのは、有栖川宮熾仁親王《ありすがわのみやたるひと》。かつて和宮の婚約者だった方である。迎える江戸城の最後の主は、田安徳川家。城を接収するのは、官軍の先鋒としてやってきた三家の尾張徳川家である。尾張と田安の家来衆は知り合いであったし、当主たちも血縁が強い仲だったため、争いごとは起こらず、明け渡しは粛々《しゅくしゅく》と行われたと、田安家ではいい伝えられている。

もしも慶喜が江戸城に籠城《ろうじょう》し、新政府軍に対し徹底抗戦をすれば、当時推定百万人が暮らしていた江戸の町が火の海となり、焦土と化した可能性もあった。どれくらい本気だったかは疑わしいが、新政府軍の西郷隆盛と徳川家の処遇をめぐって会談するにあたって、勝は交渉が決裂した場合に備え、江戸の町を部下に焼き払わせるという秘策も考えていたとのちに語っている。

籠城戦が長期化すれば、新政府軍と幕府軍との大規模な内戦に発展し、そこに欧米列強が介入したかもしれない。江戸城を抵抗することなく明け渡した慶喜の判断が、江戸の町ひいては日本を救うことになった。

幕府を潰した張本人ということで、旧幕臣から批判されることも多かったが、慶喜ほど高みに立ってものを見ていた人はいなかったと、私は思っている。

家康が入城してから二百七十八年。徳川家は江戸城の主としての役目を終えた。

### 困窮した旧幕臣への対策

明治維新によって、徳川宗家は一大名となる。下賜されたのは駿河《するが》国のほか、遠江《とおとうみ》国と陸奥《むつ》国(のちに三河国に領地替え)の一部を領地とする七十万石だった。江戸時代、徳川幕府の所領は直轄地と旗本領を含め、八百万石といわれていた。つまり、十分の一以下に減じられたのである。

困ったのは徳川家に従ってきた家臣たちである。歴史家の安藤優一郎の著書『幕臣たちの明治維新』(講談社現代新書)によると、一八六八(慶応四)年四月時点での旧幕臣の数は、旗本が約六千人、御家人は約二万六千人の合計約三万二千人。彼らの家族や家来たちを含めれば、その数は膨大《ぼうだい》なものになった。

知行地七十万石の大名として召し抱えられるのは、せいぜい五千人程度と見られたため、旧幕臣たちは①朝臣として新政府に仕えるか、②徳川家を離れ、農民や商人になるか、③徳川家にしたがい、無禄を覚悟で新領地に移住するか、というずれかの選択を迫られることになった。

現代のサラリーマンであれば、当然のごとく新政府に仕える道を選ぶのだろう。しかし、明治維新間もない当時は、武士の気風がまだ残っていた。明治新政府に仕えれば禄を食《は》むことができるにもかかわらず、無禄でも徳川家にしたがい、新領地を選んだ人たちが多かった。

先の見込みのないまま、一八六八年八月から十月までのあいだに静岡への移住は進められた。『静岡県史通史編五　近現代一』（静岡県編）によると、一八七一（明治四）年の段階で静岡県内に移住した「旧幕臣の総数は一万三千七百六十四人」にのぼり、その家族や従者も含めると、数万人規模の移住だったと推測されるという。

家族ともども移住してきた旧幕臣たちは駿河と遠江に別れ住み、農家の小屋などを間借りして暮らした。生活はその日の食べ物に困るほどの困窮を極め、餓死者も出たと伝わる。

このような旧幕臣たちの窮状に心を痛め、救済に乗り出したのは、勝海舟や渋沢栄一らの旧幕臣たちだった。なかでも勝は旧幕臣が窮乏から反政府活動に走ることをなによりも心配していた。

少しでも食い扶持《ぶち》を得るため、荒地の開墾に乗り出した移住民のために、勝は資金づくりに奔走した。以下は作家の光武敏郎《みつたけとしろう》が『歴史読本　特集勝海舟　幕末維新に賭けた夢』（新人物往来社）に書いた「旧幕臣を救済した「人情と資金」操作」からの引用である。

――明治二年の八月には、三條実美《さねとみ》の許しを得て、万石以上の旧大名に呼びかけ、二十数万両の金と四百俵ほどの米の助成を受けている。また譜代大名たちに、「お前たちは、徳川が無禄になってるのを、ただで見てるのか」と強迫に近い言を弄して二十万両ほど借りているのもこの頃だ。——

勝の働きかけに応じ、帰農した幕臣が開拓した土地に、静岡県中西部に広がる牧之原《まきのはら》台地がある。徳川家達《いえさと》の護衛をして駿府に入った精鋭隊(のちに新番組に改称)の隊長、中條景昭《ちゅうじょうかげあき》を中心とした士族、合計三百戸余りが牧之原台地に入植し、茶畑の開墾に当たった。

日本茶はそのころ、代表的な輸出品の一つとして、需要が拡大していた。

彼らは水利に乏しくやせた土地、刀を捨て鍬《くわ》や鍬《すき》を手に慣れない農作業などと格闘しながら、周辺農民の助けも借りて、茶畑の開墾に励んだ。牧之原の茶園は次第に広がり、一八七八(明治十一)年、中條らは明治天皇より開墾の功を賞される栄誉を得た。

その後、一八八四(明治十七)年前後に起きた松方デフレ期に茶の価格が下落、士族の多くは牧之原から姿を消すことになるが、中條は生涯この地を離れなかった。

今や全国有数の茶どころとして名高い牧之原台地には中條景昭像公園があり、彼の銅像が遠く広がる茶園を見守るかのように堂々と立つ。

# 第三章

# なぜ日本は無謀な太平洋戦争を始めたのか

## 圧倒的な開きがあった日米の国力

一九四一(昭和十六)年十二月八日、私はラジオから流れる臨時ニュースで、日本がアメリカとの開戦に踏み切ったことを知った。

これを聞いて、私は「まさか」と驚いた。「困惑《こんわく》した」というほうが当たっているかもしれない。当時、海外事情に通じた人なら、象とアリほどの違いがある日米の国力差について知っていたからだ。

私の父は海軍造兵少佐で、イギリスなど海外への留学経験もあった。父から海外の様子を聞いていた私は、アメリカがいかに強大な国かよくわかっていた。

当時のアメリカは今と同じく、世界で最も経済力のある国だった。日米開戦時の日本とアメリカの国力差にはさまざまな調査があるが、ここでは明治大学教授の山田朗《やまだあきら》が書いた『軍備拡張の近代史』(吉川弘文館)から、主だったところを挙げてみたい。

| | 日本 | 米国 |
|---|---|---|
| 国民総生産(億円) | 四四九 | 五三一二 |

| | | |
|---|---|---|
| 粗鋼生産量(万トン) | 六八四 | 八二八四 |
| 自動車保有数(万台) | 二一・七 | 三四八九・四 |
| 国家予算(億円) | 一六五・四 | 五六五五・五 |
| 軍事予算(億円) | 一二五 | 二六六六・八 |

国民総生産(GNP)を見ると、日本はアメリカの約十二分の一にすぎない。現在、アメリカの十二分の一前後の経済規模にあたるのは、オーストラリア、韓国、スペインといった国々のレベルである。今の日本は不況、不況などと騒がれているが、それでもアメリカの三分の一程度の経済規模(二〇一四年のドル建て名目GDP)がある。

私はそのころ、日米の工業力の差を自動車で実感していた。当時のタクシーといえば、フォードとシボレー、あとから来たクライスラーというアメリカ車だけだった。当時の日本の自動車産業は軍用目的のトラックの生産をしていたため、日本製の乗用車を見たことがほとんどなかった。小学生の頃、父と一緒に鎌倉に出かけたとき、トヨタ製のトラックを見た父が、「スプリングがもっとちゃんとしてないとだめだなぁ」とため息をついていたこともよく覚えている。

一九四〇(昭和十五)年、父ははじめて飛行機に乗ったあと、私たち子どもたちに「今回、私がはじめて飛行機に乗ったが、日本には民間航空機は数十機ほどしかないが、アメリカには民間航空機が二六〇〇機以上もあるんだよ」といった。この言葉は、今もってよく覚えている。

宮崎駿監督のジブリ映画『風立ちぬ』をご覧になった人はいるだろうか。零戦を設計した堀越二郎をモデルにした長編アニメーションである。

この映画のなかに有名なワンシーンがある。堀越らは製作所で苦労に苦労を重ねた末、零戦(当時は十二試艦上戦闘機、その後「零式《れいしき》艦上戦闘機」となる)を完成させる。飛行場で試験飛行をするため、堀越らはこの零戦を何と牛に引かせた荷車に載せて運ぶのである。

嘘のような話だが、これは本当の話である。小説家、吉村昭の『零式戦闘機』(新潮文庫)によると、三菱重工業の名古屋航空機製作所には隣接した飛行場がなかったため、約五十キロ離れた岐阜県の各務原《かかみがはら》飛行場まで、約二十四時間かけて荷車で機体を運んでいたそうだ。

名古屋市内を離れると、道路が狭く、舗装もされていなかったため、トラックで運んだ場合、振動で機体が傷つくことを恐れたのである。環境の変化に敏感な馬は、運搬途中に暴走することが心配だった(その後、体力と忍耐力に優れたペルシュロン馬などを使って、運搬時間を半分に短縮することに成功する)。

のちに英米を震撼《しんかん》させる最新鋭兵器を、平安時代さながらの荷車で運んだ。第一次大戦後、「日本は世界の五大国になった」と国民は浮かれていたが、これが当時の産業基盤のお寒い実態だった。

当時、私は割合多くの機械工場の見学をしたが、置いてある工作機械の製造者名はアメリカ・シンシナティ製が多く、日本製は少なかった。

当然ながら、政治家から軍人までアメリカとの開戦に反対する人は少なからずいた。よく知られているのは連合艦隊司令長官として、真珠湾攻撃を発案し指揮した山本五十六《いそろく》である。山本は「世界最高水準の工業力と科学水準を持つアメリカと戦争するのは大間違いだ」と周囲に繰り返し語っていた。

第一章でも詳しく書かせていただいたが、海軍兵学校校長を務め、「最後の海軍大将」となった井上成美《しげよし》は、最も強硬に反対した一人といっていいだろう。しかし、こうした正しい意見は「戦争やむなし」という勇ましい声の前に、次第にかき消されてしまった。

## 六十年間で倍増した日本の人口

では、なぜ日本は無謀とも思えるアメリカとの開戦に踏み切ったのか？

私は食糧と石油の確保の問題が大きいと考えている。

一つ目の食糧問題は、明治時代以降の大幅な人口増加によって引き起こされた。

江戸時代、幕府は一七二一（享保六）年から一八四六（弘化三）年まで、六年ごとに全国的な人口調査をしている。これは武士とその従者らを除いた人口を調べたもので、結果は一七二一年が二六〇五万人、一八四六年が二六八四万人だった。

上智大学教授の鬼頭宏は『〔図説〕人口で見る日本史』（PHP研究所）のなかで、武士や従者などを合わせた総人口について、一七二一年を三一二八万人、一八四六年を三二三〇万人と推定されている。江戸時代中期・後期の約百二十年間に、人口はわずか百万人しか増えていないのである。

それは、江戸時代には人口増加を抑えるメカニズムがあったからである。

大前提として江戸時代は鎖国していたため、食糧供給を海外に頼ることはできなかった。

このため、天明の大飢饉《ききん》や天保の大飢饉といった飢饉や凶作が起こるたびに、多数の餓死者が出た。

それに加えて、疫病の流行のほか、子堕《こおろ》し(堕胎《だたい》)、間引き(嬰児殺《えいじ》し)も普通に行われていた。都市には「中条流」と呼ばれる堕胎専門医がいたほどである。この類の医者は水銀や米粉などを配合した怪しげな錠剤を飲ませるなどして、妊婦を流産・死産させた。

ただし、鬼頭はこうした通説だけでは、人口の停滞の説明はつかないという。江戸時代中期を過ぎると、農村で家内工業が発達したため、女性が糸紡《いとつむ》ぎや織布《しょくふ》などの労働力の担い手になった。また都市に奉公にでる女性も増えてきた。鬼頭は、この結果、農村を中心に晩婚化や少子化が進んだからと見ている。

ところが、明治維新を境に、日本は人口の停滞傾向から一気に抜け出すことになる。

統計開始年となる一八七二(明治五)年の人口は約三四八一万人。これが一九〇〇(明治三十三)年には約四三八五万人になった(総務省統計局「国勢調査」及び「人口推計」)。わずか三十年弱のあいだに、九百万人以上も人口が増加したのである。

このきっかけの一つになったのが、明治新政府が打ち出した堕胎・間引きの禁止だった。

一八六九(明治二)年には産婆《さんば》(助産師)の売薬・堕胎を禁止、一八八〇(明治十三)年には堕胎罪を制定した。

明治政府は富国強兵、殖産興業という二つの柱を掲げて、欧米列強に対抗しうる近代国家をつくり上げようとした。富国強兵には兵隊、殖産興業のためには労働者が欠かせない。どちらもたくさんの若者が必要になる。このため、明治政府は人口増加策に踏み切ったのだと思う。

富国強兵と殖産興業は、都市を中心に新たな働き口をもたらした。それにともなって、明治時代半ばごろから出生率も上昇し始めた。人口千に対する出生数を表した普通出生率は、一八七二(明治五)年の十六・三%に対し、一八八八(明治二十一)年には三十%を記録。その後は戦後にいたるまで、ほぼ三十~三十五%の高水準で推移している(厚生省「人口動態調査」)。

近代的医学の発展、さらにはインフラ(インフラストラクチャー)整備の進展などが重なって、大正時代半ばから、都市を中心に死亡率が緩やかに下がり始めると、人口はさらに急カーブを描くように増えていく。

国勢調査がはじめて実施された一九二〇(大正九)年の人口は約五五九六万人。その十五年後の一九三五(昭和十)年には約六九二五万人にまでふくらんだ(「国勢調査」及び「人口推計」)。つまり、明治初頭からの約六十年間で、人口は倍増した計算になる。

当然ながら、凄《すさ》まじいばかりの人口増加に警鐘《けいしょう》を鳴らす人も現れた。福澤諭吉は早くも一八九六(明治二十九)年に『時事新報』の社説で、人口問題に言及しているという(『〔図説〕人口で見る日本史』)。

「人口の繁殖」と題した一月三日付の社説では、人口の増加が著しいので、早晩、限界に達して「繁殖停止」の時期が来ることは避けられないと警告し、「人民の移植」と題した四日付の社説では、その解決策のために海外への移民を勧めている。

福澤は日清戦争の勝利で獲得した台湾へ、過剰なまでに増えた日本人を積極的に送りこもうと考えていたようだ。

このころからすでに日本の海外進出の芽はふくらみ始めていたのだ。

## 急速な人口増がもたらした食糧難

現在の日本で棄てられる食品の量は世界でもトップクラスのようだ。国内で排出される食品廃棄物は年間約一千七百万トン(農林水産省平成二十二年度推計)。このうち、食べられるのに廃棄される「食品ロス」は年間五百万～八百万トンと推定され、この数字は世界全体の食糧援助量の約二倍になるようだ。

私の経験からいえば、このように食べ物が余るようになったのは、せいぜいここ四、五十年くらいの話だ。戦後の高度経済成長期を経て、日本の食生活は豊かになった。それまでは食糧の確保、特に主食となる米の不足にいつの時代も苦しめられてきた。

明治時代以降の急激な人口増加は、この食糧難に拍車をかけた。

当時の米事情については、食の社会学研究会の橋本直樹代表が書いた『食卓の日本史』(勉誠出版)が詳しい。ポイントを二箇所引用する。

――米不足は明治になっても続いた。明治一四年(一八八一)、稲の作付面積は二五九万ヘクタールになり、四七七万トンのコメが収穫できたが、一人当たりにすれば一二四キログラムであり、江戸中期と較べて少しも増えていない。明治二〇年ごろでも都市部では白いご飯を食べていたが、農村では麦、雑穀が六割、米が四割の混ぜ飯を食べていたのである。
――

日清戦争・日露戦争後の戦争景気、第一次大戦後の大戦景気で、都市での米需要が高まると、米不足はさらに深刻となった。このために政府が取った措置が米の輸入である。――朝鮮、台湾、さらにはビルマ、ベトナムからの外米輸入が始まり、多いときには輸入米が二〇〇万トンに近くなり、国内での米の自給率が八五％に下がった。大正七年には米の買い占めが起きて米の値段が四倍にも値上がりしたから、全国各地で主婦たちが大挙して米屋に押しかけて安売りを強要するという「米騒動」が起きた。――

当時のエンゲル係数(家計に占める食費の割合)は六十％前後と推測されている(現在は二十五％前後)。米価の上昇は国民にとって、まさに生死にかかわる問題だった。

子どものころ、電車やバスの車窓から関東平野を眺めると、林や桑畑が遠くまで広がっていた。桑の葉は蚕の唯一の食糧で、蚕の繭から取る絹は明治から昭和にかけて日本の輸出の主力だった。絹は江戸時代中期まで、清国からの輸入品だったが、幕府の努力で国産化したものだ。明治以降の輸出先はアメリカが主で、ストッキング用としてなくてはならないと、アメリカ婦人は日本との戦争に反対した。第一章に石油はアメリカからの輸入が主と書いたが、桑の葉がこの石油代金となったのだ。ナイロンは日本との戦争に備え、アメリカ化学業界が総力をあげて発明し婦人用ストッキングの材料となった。

農地、特に田んぼはほとんど見当たらなかった記憶がある。とはいえ、明治政府が必ずしも新田開発に消極的だったわけではなかった。

明治政府は北海道や東北を中心に大規模な新田開発を行った。このため、水稲の作付面積は一八八五(明治十八)年の二百五十五万二千ヘクタールから、一九三二(昭和七)年の三百九万七千ヘクタールまで、基本的には右肩上がりで拡大している(農林水産省「作物統計」)。

同時に一八八五年には十アール当たり百九十八キログラムだった収穫量が、一九三二年には二百八十六キログラムになっている(同「作物統計」)。「明治農法」と呼ばれる農業技術の進展のほか、外国産および国内産地間での競争などによって、作付面積だけでなく、収穫量も約一・四倍まで増えている。

ただし、六十年間で倍増するという急激な人口増加の前には、米の増産の努力も結局は焼け石に水に終わった。また、政府は地租負担に苦しむ地主や農民のため、米価の水準を高く

困窮死者並びに棄児

| 年次 | 自殺者 | 途上発病者 | 途上発病・飢餓による死者 | 棄児 | 迷児 | 自殺率（1万人につき） |
|---|---|---|---|---|---|---|
| 1895 | 7,262 | 4,542 | 1,483 | 498 | 15,850 | 1.69 |
| 1896 | 7,459 | 5,171 | 1,632 | 362 | 19,226 | 1.71 |
| 1897 | 7,658 | 3,779 | 1,250 | 363 | 17,211 | 1.74 |
| 1898 | 8,699 | 4,601 | 1,344 | 392 | 17,160 | 1.99 |
| 1899 | 8,372 | 4,483 | 1,378 | 223 | 17,431 | 1.89 |
| 1900 | 8,433 | 4,141 | 1,159 | 244 | 18,953 | 1.89 |
| 1901 | 8,582 | 3,968 | 1,057 | 249 | 22,290 | 1.90 |
| 1902 | 8,783 | 4,906 | 1,042 | 242 | 24,213 | 1.92 |
| 1903 | 9,864 | 5,151 | 1,210 | 303 | 22,736 | 2.12 |

『日本帝国統計年鑑』より作成.
岩波講座『日本歴史 16 近代 3』(1976 年刊)より

保とうとして、明治時代初期から政策的に米を輸出していた。これもまた食糧供給を悪化させる一因となっていた。

**貧困者を直撃した食糧難**

昔も今も低収入の人たちを食糧難が直撃する。

現在、日本の格差社会は深刻化しつつあるといわれる。つい先日も、テレビの報道番組で多摩川沿いのテントで暮らす人たちを取材していた。番組では、お年寄りを中心に、テント生活を送っている人は川沿いに何千人もいると伝えていた。

かつて「一億総中流」と評された日本が、今でもテントや段ボールで暮らす貧困者を多数抱えていることに正直、驚かされた。

しかし、戦前の格差社会は今以上にひどいものだった。東京などでは町中《まちなか》でひどい身なりのもの乞いが普通に見られた。ただし、戦争が終わって軍隊がなくなるまでは、収入の少ない人には、軍隊の残飯を安く買うシステムができていた。

明治維新以降、政府が進めた殖産興業は工業の発展を急速にもたらす傍らで、多くの職人を没落させた。同じく政府が実行した地租改正は、土地を手放すたくさんの農民を生み出した。こうした人たちは都市に流れ込み、低賃金労働者となった。

前ページの表は工場労働者を急増させた日清戦争(一八九四～九五年)以降、九年間の困窮《こんきゅう》死、棄児《きじ》、自殺率などの推移をまとめた統計である。

これでわかるとおり、困窮を原因とする自殺と飢餓による死者の合計は目立って増加。自殺率も年々増加している。

困窮者に対する政府の支援策はほとんどなかった。困窮者への一人当たり救助額は年間十一円三十四銭程度で、一日当たりに換算すると三銭程度。「同時期紡績女工の平均賃金が日給一五銭程度であったから、この救助金が何ほどの効果を発したか疑問を感ぜざるを得ない」(同)という過酷な状況だった。

子どものころ見た光景で今も目に焼き付いているのが、鎌倉の銭洗弁天《ぜにあらいべんてん》（銭洗弁財天宇賀福神社）にいた、たくさんの貧困者の姿である。昔、境内洞窟《どうくつ》の清水の中には、参拝客が投げ入れたお金があった。それを貧しい身なりをした人たちが拾っていくのである。

格差社会を表す指標のひとつにジニ係数がある。これは所得分配の不平等さを数値で示すもので、「一」に近いほど所得格差が大きい。戦前のジニ係数は諸説あるものの、社会騒乱が多発する警戒ラインである「〇・四」を超えて、〇・四～〇・五あたりの水準であったと推測されている。

蛇足ながら、格差社会に突入したとされる現在の日本のジニ係数は、税金や社会保障制度などを使って再分配したあとの値で〇・三七九一。再分配前は〇・五五三六である（厚生労働省政策統括官「平成二十三年所得再分配調査報告書」）。戦前に比べてジニ係数の値は低いものの、ほかの先進国に比較すると総じて高い。

『食の文化フォーラム一七　飢餓』（丸井英二編／ドメス出版）によると、明治以降の百二十年間に凶作が十九回、そのうち飢饉的な状況が二回起きている。

特に凶作および飢饉的状況に苦しんだのが東北である。一九〇二（明治三十五）年と一九〇五(明治三十八)年に大凶作となり、それぞれ翌年に飢饉的な状況に陥った。再び一九三一(昭和六)年と一九三四(昭和九)年には大凶作となり、一九三五(昭和十)年には食糧難が深刻化している。

日露戦争が開始したのは一九〇四(明治三十七)年、満州事変が起きたのは一九三一(昭和六)年である。東北地方の凶作・飢饉的状況の時期と奇妙な具合に一致する。さらにいえば、五・一五、二・二六両事件とも、クーデター首謀者は貧富の差の拡大、そして餓えに苦しむ東北地方の貧しい農民の救済を訴えていた。

食糧難は日本の社会不安、さらには戦争をもたらすことになった。

**食糧難解決のための移民政策**

明治時代半ば以降、急速な人口増加が生んだ食糧難。これに対する政府の解決策が移民だった。

実は日本人の海外渡航は、幕末に始まる予定だった。一八六六(慶応二)年五月、江戸幕府は留学や商業のために渡航を願い出る人に対し、許可制ながらそれを認めた。さらに六月には、外国船へ日本人水夫が乗り組むことや日本在住の外国人が雇用した奉公人を渡航させることを認めた。これを受けて一八六八（慶応四）年三月、アメリカ人商人で米国領事館員の肩書きを持つヴァン・リードがハワイ、グアム向けの渡航希望者を募集した。

ところが、同（明治元）年四月に明治新政府に政権が交代。アジア各国の実情から「移民が奴隷に等しい」と認識していた新政府はこれを中止しようとするが、リードは政府に無断で百四十一人をハワイに、四十二人をグアムに強引に送ったのである。どちらも契約期間は三年間で、賃金は月額四ドルだった。

この移民たちの生活は困難を極めた。当時の日本に比べて海外の物価は高く、四ドルの月給ではとても生活できなかった。困窮した移民のなかには、すぐに日本に逃げ帰る人も少なくなかった。

このリードという男、どうやら食わせ者だったようだ。この移民が行われる半年前、リードのつてでアメリカに渡った一人に、のちに首相となった高橋是清《これきよ》がいる。一八六七（慶応三）年八月、藩命を受けた高橋は留学のため、アメリカのサンフランシスコに渡った。

しかし、到着したリード宅で待っていたのは、料理の手伝いや掃除といった家事の毎日。

とても勉強ができる雰囲気ではなかった。リードにそれを抗議すると、立派な屋敷に住む知り合いの金持ちを紹介された。

さらに、リードは一枚の書類を渡し、ともに留学をした一条十次郎（後藤常）と「一緒にサインをすれば、その家で勉強ができる」というのである。しかし、それは身売りの契約書だった。

高橋はサンフランシスコ名誉領事を嘱託されていたチャールズ・W・ブルークスの仲介で、この契約を破棄することができたが、リードに送り込まれた日本人のなかには、病死者や自殺者も出ていた。

トラブル続きで、すっかり移民に懲りた明治新政府は、ハワイやオーストラリア、ロシアなどからの移民誘致の申し込みを次々と断ってしまう。その姿勢が百八十度変わるのは「松方デフレ」と呼ばれた経済不況がきっかけだった。

財政基盤が脆弱《ぜいじゃく》だった明治新政府は西南戦争の戦費調達のため、大量の紙幣を発行した。これが大幅なインフレーションを生んだ。この対策のため、大蔵卿《きょう》の松方正義《まさよし》は徹底した紙幣整理と大増税を断行した。

この政策によってインフレは収まったものの、米価は大暴落。地租負担に耐え切れず、農地を手放す農民が続出した。「松方財政の実施された数年間に零細農民一〇〇万戸が押しつぶされ、小農家六〇万戸が解体されたといわれている」(『日本人出稼ぎ移民』鈴木譲二／平凡社)。

農地を手放した棄農民をはじめとした困窮者が稼げるよう、政府は移民再開に打って出たのだった。

## ハワイやブラジルへ出稼ぎ渡航

移民再開の第一歩となったのは、オーストラリアの木曜島である。国民的作家の司馬遼太郎《しばりょうたろう》が短編小説『木曜島の夜会』(文春文庫)で、この移民を題材として取り上げている。司馬は「この島にいる白い濠州人というのは、事業家をもふくめて、ほぼ本土で志を得なかった人達」と少々辛辣《しんらつ》に紹介している。

一八八三(明治十六)年、採貝業《さいばい》を営むイギリス人のジョン・ミラーがイギリス総領事を通して、木曜島を拠点に周辺の海で真珠貝を採るダイバーなど、合計三十七人を募集した。真珠貝の貝殻は当時、高級ボタンの材料として使われていた。日本円に換算すると、月給にして五十五円(当時の農業労働者の月給は平均五、六円)という破格の待遇だったため、明治政府はすぐに飛びついた。

翌年にはハワイが続いた。もともと「日本人移民ならいくらでも受け入れる」とハワイのカラカウア国王が熱望していただけあって、日本が移民送り出しを再開したと知ると、すぐさまハワイ公使イアウケアが来日。明治政府の了解を得ると、ハワイ総領事アーウィンとのあいだで基本条件の話し合いが始まった。

最終的に取り決められた条件は、契約期間三年、賃金は成人男性が一カ月九ドル、成人女性が一カ月六ドルというもので、さらに食費のほか、時間外労働については残業代も支給された。このため、この第一回目のハワイ移民には、六百人の募集に対し、何と二万八千人の応募者が集まった。

こうして始まった日本の移民は、アメリカ本土、ペルー、ブラジルといった具合に南北アメリカ大陸を中心に、ロシア、フィリピンなどにも広がっていった。表のとおり、最も多いのはハワイの約二十三万一千人である。一八六六(明治元)年から太平洋戦争が開始する一九四一（昭和十六）年までに、約七十七万六千人の日本人が海外に渡っている。出稼ぎを目的とした渡航者は男性ばかりでなく、女性も多かった。とりわけ問題となったのは若い女性の売買である。前記の『日本人出稼ぎ移民』のなかに、当時の日本人少女の人

地域別海外移民数 1868〜1941（明治 1〜昭和 16）年

| 地　域 | 出稼ぎ移民 | 定住移民 | 合　計 |
|---|---|---|---|
| **中南米** | | | |
| メキシコ | 14,633 | 34 | 14,667 |
| ブラジル | 180,360 | 8,625 | 188,985 |
| ペルー | 33,070 | 0 | 33,070 |
| アルゼンチン | 5,338 | 60 | 5,398 |
| パラグアイ | 0 | 709 | 709 |
| その他 | 1,959 | 158 | 2,117 |
| 小　計 | 235,360 | 9,586 | 244,946 |
| **北　米** | | | |
| アメリカ | 107,193 | 60 | 107,253 |
| ハワイ | 231,206 | 0 | 231,206 |
| カナダ | 35,777 | 0 | 35,777 |
| 小　計 | 374,176 | 60 | 374,236 |
| **大洋州・南洋** | | | |
| オーストラリア | 3,773 | 0 | 3,773 |
| フィリピン・グアム | 53,115 | 0 | 53,115 |
| ニューカレドニア | 5,074 | 0 | 5,074 |
| その他 | 30,359 | 0 | 30,359 |
| 小　計 | 92,321 | 0 | 92,321 |
| **その他地域** | | | |
| ロシア領 | 56,821 | 0 | 56,821 |
| その他 | 7,980 | 0 | 7,980 |
| 小　計 | 64,801 | 0 | 64,801 |
| 総合計 | 766,658 | 9,646 | 776,304 |

鈴木譲二『日本人出稼ぎ移民』平凡社より

身売買の実態を告発したシカゴの一新聞の報道(一八九一年三月)が掲載されている。
――部屋の一隅に幅二十フィートほどの舞台が設けられている。合図とともに、舞台の背後を閉ざしていたカーテンが開かれた。驚いたことには、舞台の上に二十人程の日本人少女が半裸の姿で恥ずかしさに消え入らんばかりの風情で座っていた。競売人が誘いを掛けると、活発に指し値が行なわれ、少女たちは四十ドルから五百ドルの値段で飛ぶように売られていった。――

一八九八年三月ごろ、シンガポールに滞在する日本人六百人のうち四百人が娼妓《しょうぎ》だったという記事もある(『岩波講座　日本歴史一六　近代三』)という。ハワイやアメリカ本土からウラジオストック、オーストラリアに至るまで、世界各地に日本人娼妓がいた。いわゆる「からゆき(唐行き)さん」である。

戦前生まれの人ならばよく知っているが、貧しさの故、日本の女性は相当数海外に売られていった。騙《だま》されて売られた女性も多かった。ひどく悪い慣習だったが、戦後も昭和三十年代の半ばまで、日本では公然と女性売買が残っていた。

### 失敗に終わった満州国への移民

アフリカや中東からヨーロッパに渡る難民がこのところ急増、地元住民とのさまざまなトラブルが各地で起きている。肌の色や宗教、習慣が違う民族が短期間にたくさん流れ込めば、経済的・文化的摩擦が起きるのは、残念なこととはいえ、必然なのかもしれない。

明治時代初期に始まった日本の移民も、次第に世界各地で規制されるようになる。オーストラリアでは早くも一九〇一(明治三十四)年に移住制限法が制定、実質的に日本人のオーストラリア移住を禁じた。同様にアメリカでも一九〇八(明治四十一)年に結ばれた日米紳士協定によって、日本人の移住は事実上の終止符《しゅうしふ》を打った。

一八九八(明治三十一)年、アメリカに併合されたハワイには日米紳士協定締結後も移民の送り出しが続けられたが、一九二四(大正十三)年に施行されたアメリカ改正移民法によって完全に止まることになる。

そこで、日本が新たな移民先に選んだのが満州だった。一九三〇(昭和五)年から一九三一(昭和六)年に渡って起きた昭和恐慌以降、農村の過剰人口が社会問題化していた。

満州は、現在の中国東北部にあたり、遼寧《りょうねい》省、吉林《きつりん》省、黒竜江《こくりゅうこう》省と、内モンゴル自治区東部を範囲とする地域を指している。日露戦争勝利後、日本はロシアが持っていた満州での租《そ》借《しゃく》地や鉄道を獲得、その後も支配地域の拡大を目指して戦闘を繰り返した。

一九三二(昭和七)年、日本は清王朝の最後の皇帝溥儀《ふぎ》を擁立《ようりつ》し満州国を建国すると、「混み合いますから満州へ」というキャッチフレーズのもと、国策として満州国への移民を進めた。

その一つが一九三六(昭和十一)年、広田弘毅《こうき》内閣が策定した「二十カ年百万戸移民送出計画」である。二十年後の満州国の人口が五千万人(建国当初は三千万人前後と推定される)まで増加すると想定、その一割に当たる五百万人を日本人移民で占めようとする大計画だった。

「国策を侮辱《ぶじょく》するものだ」と政府に連載終了に追い込まれたが、当時随一の人気漫画だった「のらくろ」の主人公、野良犬の「黒吉」も、このころ漫画のなかで満州に渡っているほどだから、庶民の関心も集めたのだろう。

しかし、日清・日露戦争を通じて「二十万の生霊と二十億の国帑《こくど》(国費)」(『昭和時代　戦前・戦中期』読売新聞昭和時代プロジェクト／中央公論新社)によって購われた大地と呼ばれた満州の権益に、日本が固執すればするほど、巨大な中国市場への参入を図ろうとするアメリカを中心とした国際社会からの反発は高まった。

一九三一（昭和六）年、満州事変を起こした日本に対し、アメリカの国務長官、ヘンリー・スティムソンは侵略による征服の不承認を内容とする「スティムソン・ドクトリン」を発表した。一九三三（昭和八）年には国際連盟[※1]の総会で、「満州国建国を認めず」というリットン報告書に基づく対日勧告案を圧倒的多数で可決。日本は国際連盟を脱退することになったが、このことは大変なことで、第四章に詳述する。

満州国建国の一九三二（昭和七）年から終戦の一九四五（昭和二十）年のあいだに満州に渡った日本人は約二十七万人。国を挙げて進めた割に、好んで満州に渡ろうとする人は、予想外に少なかった。日中戦争の長期化、太平洋戦争の開始によって、成年男子が根こそぎ徴兵されたため、青少年や女性、戦争による罹《り》災《さい》者までが動員されたが、五百万人という目標には程遠い結果に終わった。

とはいえ、満州国建国の失敗は、はじめから予見されていたのかもしれない。というのは、既に一九三六（昭和十一）年の時点で、外務省調査部が（植民地の獲得は）経済的見地からはまったくお話にならない損をしていると結論づけているからである。

「日清戦争ヨリ満州事変ニ至ル日本外交ノ経済的損失」と題する報告書のなかで、外務省調査部は「一般納税者が支えた戦争や植民地維持などの費用は約五十八億円。これに対し、植民地から得られた利潤は二十億円。それも植民地貿易および投資に関係する少数の商工業者が得た」と手厳しく指摘している。

結局、植民地や中国などの居住者を含めても、日本からの移民・渡航者の合計は、そのころの総人口(一九四〇年時点)の四%強に過ぎなかった。これが当初目的とした過剰人口の解消につながったとはとても思えない。

太平洋戦争が始まる一九四一(昭和十六)年一月、政府は一夫婦の出産数を五児とする「人口政策確立要綱」を閣議決定。戦争遂行《すいこう》、つまりは兵員の確保に向けて、人口増加に挙国一致で取り組むことになった。

あまりにも有名なスローガン「産めよ、殖やせよ」はこのころ生まれた。私の姉が使っていた小学校の教科書には、人口数の概算値が載っていたが、ほとんど毎年、千万人単位でどんどん増加していた。

急増した国民を海外に渡らせ、国外で食い扶持を与えようとして始まった移民政策だったが、最終的には、それとは逆の「国内での人口増」を目指すことになったわけである。

アメリカ軍による航空攻撃の効果を戦後、検証した米国戦略爆撃調査団（ＵＳＳＢＳ）の報告によると、一九四五（昭和二十）年の日本人のカロリー摂取量は、成人の「最低所要量である一日平均二一六五カロリーに対して、わずか一六八〇カロリーまで低下していた」（『太平洋戦争　日本の敗因一　日米開戦　勝算なし』ＮＨＫ取材班編／角川文庫）。国民に食糧が行き渡ることは最後までなかった。

移民を中心とした日本の人口政策は、まさに支離滅裂《しりめつれつ》の形で幕を閉じたのである。

## 石油備蓄を進めた海軍

急激な人口増による食糧難への潜在的な恐怖を、戦前の日本は常に感じていた。このため、決して経済的にプラスとはいえない、満州に関する権益を手放そうとはしなかった。それがアメリカとの亀裂《きれつ》を生んだ。

そして、アメリカとの開戦に至る〝決定的な一押し〟になったのが石油だった。

日本の国家予算に占める軍事費の割合は、日米開戦時に七割を優に超えた。人間が生きるために米や小麦が必要なように、満州事変以降、巨費を投じて拡充してきた軍隊の維持になくてはならないのが石油である。

軍艦から戦車、航空機まで兵器の燃料として石油は欠かせない。海軍では日露戦争のころから重油燃料の研究を始め、昭和時代に入ると軍艦の燃料を石炭から重油に切り替えていた。石油のほうが石炭よりも重量当たりのカロリーが倍近くあり、固体でなく液体なので、取り扱いも楽だし、保管方法も格段に容易だった。

現在もそうだが、当時の日本も石油は輸入頼りだった。石油問題研究家の岩間敏《さとし》が書いたエッセー「戦争と石油(一) 太平洋戦争編」(JOGMEC)によると、アメリカから石油禁輸の制裁を受けた一九四一(昭和十六)年ころの「日本の石油自給率は、わずか八%」だった。石油輸入はアメリカからが約八割、残り約二割の多くが蘭印(オランダ領東インド。現在のインドネシア)という具合で、日本にとってアメリカの石油は、まさに命綱だった。

ここ数年、シェール・オイルの開発・増産で、アメリカはサウジアラビアやロシアを抜いて世界一の原油生産国になった(二〇一四年)が、当時のアメリカはそれこそ世界で断トツの産油国だった。

満州事変以降の大幅な軍備拡張、さらには日増しに高まるアメリカとの対立によって、石油確保が喫緊の課題となった。そこで日本が取った対策が二つある。一つが石油の備蓄、もう一つが人造石油の生産である。

もしかすると、みなさんは当時の日本が石油確保について無策だったと思っているかもしれないが、それは間違いである。実は海軍は早くから石油備蓄に着手していた。このあたりの状況については、同じく岩間のエッセー「戦争と石油（五）　世界最初の「戦略石油備蓄」」で細かく解説している。

一九〇八（明治四十一）年、海軍ははじめて重油を燃料（石炭・石油混焼缶）にした軍艦「生駒」で航海をした。すると翌年には石油備蓄用に国内産重油三千七百トンを購入、横須賀に完成した鋼鉄製タンクに備蓄した。

その後、海軍は石油備蓄タンクを横須賀、呉《くれ》などの軍港、要港、燃料廠（石炭採掘や石油精製などを担当）などに設置、一九三九（昭和十四）年以降には地下化にも着手した。山口県徳山市にあった地下タンク群については、私も知っていた。

約四十六万平方メートルの燃料廠敷地内に設置された地下タンクは十二基を数え、最大貯油量は約五万キロリットルを誇る巨大なものだった。コンクリート、鉄板、コンクリートの三層構造の屋根は、周囲から見えぬよう草木に覆われていた。

日中戦争開始以降、陸軍も遅ればせながら、本格的な備蓄に乗り出した。一九三七(昭和十二)年、石油関係会社によって設立された協同企業株式会社が原油七十一万トンを輸入すると、その原油をもとに、一九四〇(昭和十五)年に陸軍燃料廠を設立、翌年には山口県岩国市に備蓄施設を建てた。

一九四一(昭和十六)年、大本営政府連絡会議で企画院が報告した石油備蓄量は八百四十万キロリットルで、これは当時の国内石油消費量の二年分に近い数字である。

### 失敗に終わった人造石油

ただし、人造石油の製造については、失敗に近かった。

こちらも海軍は早くから目をつけ、一九二八(昭和三)年から石炭液化研究を始めていた。そして、一九三七(昭和十二)年には「人造石油製造事業法」が制定されると同時に、半官半民の帝国燃料興業株式会社を設立、人造石油の製造に国を挙げて取り組むことになった。

人造石油の方法にはいくつかあるが、当時有望視されていたのは石炭の液化だった。ところが、一九三九(昭和十四)年、ナチス・ドイツが欧州で戦線を拡大すると、石炭を高温・高圧で液化するために必要な機材や資材の輸入が難しくなった。

なにより年間三百五十万トンの人造石油を既に生産していたドイツから、液化技術が入手できなくなったことは痛かった。ドイツからの技術移転が断たれ、日本の人造石油製造計画は暗礁《あんしょう》に乗り上げた。

一九四〇(昭和十五)年、日本が日独伊三国同盟を締結すると、アメリカはそれを威嚇と受け止め、日米の対立は決定的なものになった。

一九四一(昭和十六)年六月には実質的な石油禁輸を定めた「石油製品輸出許可制」を完全実施した。

作家、猪瀬直樹の『昭和16年夏の敗戦』(中公文庫)に、日米開戦時に首相を務めた東條英機(当時は陸相)と陸軍省整備局燃料課の高橋健夫中尉とのこのときの会話が載っている。興味深い事実なので、みなさんにもぜひ知ってもらいたい。

上司の中村儀十郎大佐がアメリカの対日石油禁輸を説明したあと、高橋中尉は陸軍全体の石油の需給予測表を見せて、「一刻も早くご決心を……」と蘭印にある南方油田の確保を勧める。これに対し、東條陸相は以下のように叱るのである。

――「バカ者ッ、自分たちのやるべきこともやらずにおいて、のこのこと人に泥棒をすすめにくる。おまえたちがいつも提灯《ちょうちん》をもってきた人造石油(石炭液化など)があるだろ。こういう事態を予想してなけなしの資材を優先的に供給してきたのではなかったのかね」――

さらに東條陸相は以下のように続ける。

――「とにかく、ダメだというのでは困る。もっと研究してこい。私としては陛下に泥棒いたすしかございません、とは申し上げられないんだよ」――

東條陸相は英米との対立を生む「泥棒」、つまりは南方油田への侵攻を回避しようとしていた。のちに真珠湾攻撃に踏み切ったため、好戦的かのように思われているが、これは大きな誤解である。

楽観的にも東條は人造石油に賭けていたのかもしれない。しかし、当時の日本の技術では人造石油の大量製造は不可能だった。人造石油製造事業法では、昭和十八年度に揮発油・重油それぞれ百万キロリットル(合計二百万キロリットル)の人造石油の製造を目標としていた

南方作戦遂行の場合の石油需給バランス試算表

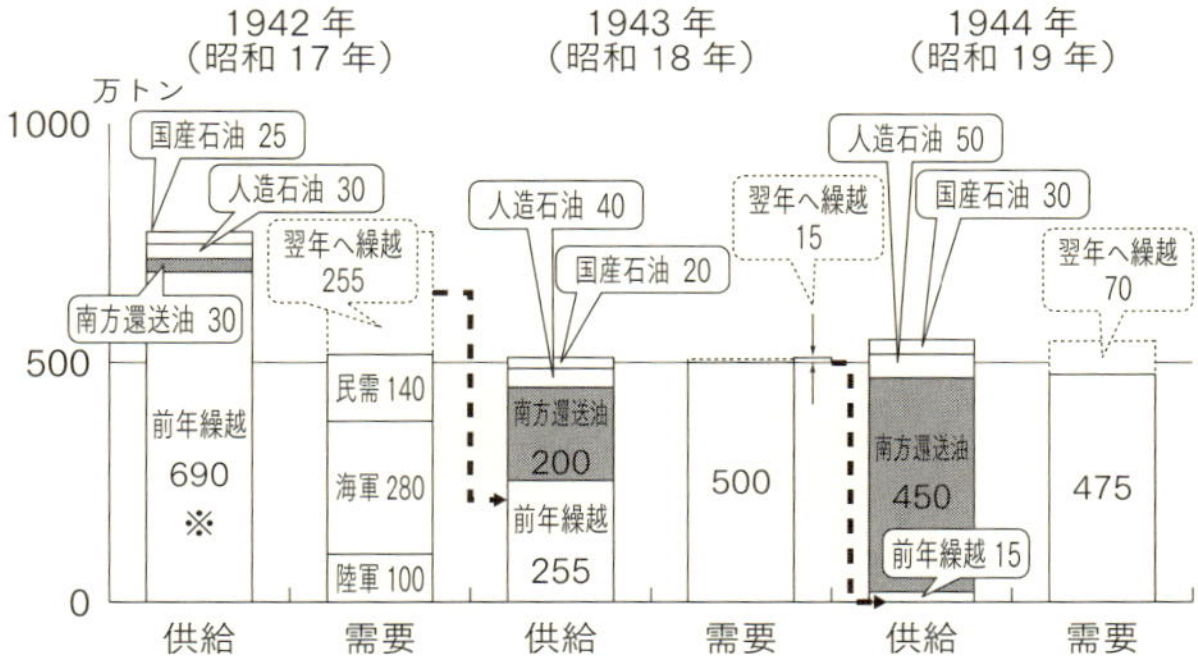


※ 1941年10月時点の備蓄は民間70万, 陸軍120万, 海軍650万で計840万トン. うち150万トンを予備とし, 690万トンを1942年に繰り越し. 猪瀬直樹『空気と戦争』文春新書より

が、生産目標達成率は最終的にわずか十一%に終わることになる。

## 石油を断たれ、開戦を決意

一九四一(昭和十六)年、アメリカがついに日本への石油輸出を全面禁止に踏み切った。すると陸海軍とも主戦論が次第に勢いを増す。燃料となる石油がなければ軍艦も航空機も、動くことができない。

何度もいうが、軍隊にとって石油は命綱《いのちづな》だ。石油の備蓄が未だあるうちに、アメリカと戦ったほうがいいというわけである。このころ、陸海軍の戦力だけを単純に比較すれば、国力の差ほど、日米に違いはなかった。

同年十一月に企画院の鈴木貞一《ていいち》総裁が御前会議で発表した政府の需給見通しがある。それが前ページの上の図である。この「南方作戦遂行の場合の石油需給バランス試算表」によると、海軍を中心に今まで溜め込んだ備蓄分八百四十万トンに、占領した蘭印(現・インドネシア)からの石油分、さらにはわずかばかりの人造石油分が加わると、戦争を開始して三年たった段階でも七十万トンもの石油が残ることになる。

蘭印から運ばれる一年目の石油量の値が、三十万トンと少なめに設定されているのは、オランダが撤退する際、石油生産施設を破壊すると想定しているからである。需要予測(国内消費量)をかなり甘めに設定するなど、今から見れば辻褄合わせを指摘できるが、数字は一見もっともらしい。

蘭印の石油さえ確保できれば、アメリカと開戦しても数年間は十分に戦争を継続できる。日本は一気に開戦に傾いた。

ただ、このような日本側の動きは、アメリカからすれば間違いなくシナリオどおりだっただろう。

前記の『昭和16年夏の敗戦』のなかで、猪瀬はアメリカのフランクリン・ルーズベルト大統領の義勇派兵委員会での演説を取り上げている。時期は実質的な対日石油禁輸を決めた一カ月後の一九四一(昭和十六)年七月である。少々長くなるが引用してみたい。

──ここに日本と呼ぶ国がある。彼らは北にあって彼ら自身の石油を持っていなかった。そこでもし、われわれが石油を切断してしまったなら、彼らはいまから一年前に多分蘭印に降りて行ったであろうし、そうすれば諸君は戦争に入っていたであろう。そこで「ある希望をもって、アメリカの石油を日本に行かせている手段」と諸君が呼んでもいい手段があり、その手段は、われわれの自身の利益のために、イギリスの防衛および海洋の自由の利益のために、南太平洋をいままで二カ年間も戦争の埒外に保たせるように働いてきたのである。

──

ルーズベルトはアメリカが戦時体制を整える時間を稼ぐため、さらにはイギリスがドイツとの戦いに注力できるようにするため、時間を稼ぐ必要があった。だから、日米対立が深刻化しても、すぐに禁輸政策を取らなかったのだ。石油を断たれた日本がどのような行動を取るのか、ルーズベルトは十分に理解していた。

太平洋戦争は海軍によるハワイ真珠湾攻撃で始まったとされる。しかし、実はこの真珠湾攻撃に先立つこと約一時間二十分、日本陸軍が蘭印侵攻のため、イギリス領だったマレー半島に上陸している。これが太平洋戦争の実質的な戦闘開始である。

ちなみに、米国戦略爆撃調査団の石油・化学部が、『日本における戦争と石油』(奥田英雄・橋本啓子訳／石油評論社)と題する報告書を戦後にまとめている。そのなかで日本の開戦および真珠湾攻撃について以下のように解説している。

「日本は輸入石油〔その80％強がアメリカからの輸入〕を使って戦争を仕掛けた。真珠湾を攻撃した航空機とそれを太平洋を横断して運んだ戦艦[※2]がアメリカ製燃料で行動した確率はきわめて高い」

## 物資が断たれて敗戦の道へ

日本が太平洋戦争に敗れたのは、軍隊が弱かったからなのか。

それは必ずしも当たっていない。異説はもちろんあろうが、日本軍は貧弱な装備[※3]にもかかわらず、懸命に戦った。それでも敗戦した大きな理由の一つは、海外から日本への物資の補給が完全に断たれたことにある。

九州大学教授の三輪宗弘は、『太平洋戦争と石油』（日本経済評論社）のなかで海軍大将だった野村吉三郎《きちさぶろう》の敗因分析を伝えている。

野村大将は敗戦後の一九四五（昭和二十）年十一月、米国戦略爆撃調査団の尋問を受けた。「軍事力方面で、日本の崩壊をもたらしたアメリカの大きな影響は何だったと思われますか」という質問に対し、以下のように陳述した。

――はじめのうちは潜水艦によって、われわれの商船隊が大きな損害を与えられ、後期は空軍と協同した潜水艦が日本の船舶を減少させました。われわれの補給路は切断され、その生命線を維持することはできませんでした。次に日本の飛行機工場は破壊され、われわれは前線に消耗機の補充が十分できなかったが、一般の人々は船舶喪失の重大性の認識が欠けていて、一番大切なのは飛行機の問題だとばかり思い込んでいた。――

同じく海軍大将だった豊田《とよだ》副武《そえむ》も同じ趣旨の尋問で、「南方の資源からの補給が断たれたことでした。それは主として、船舶の喪失と、輸送手段一般が何も無くなったことからきたものでした」と野村大将と同様の発言をしている。

国内で所有されていた大型船（百トン以上）の総トン数推移を見ると、一九四三（昭和十八）

100 トン以上の鋼船の総トン数

（単位:1,000 トン）

| 年度 | 新　造<br>その他増 | 喪失量<br>その他減 | 差引増減 | 年　末<br>保有量 | 指　数 |
|---|---|---|---|---|---|
| 開戦時 | —— | —— | —— | 6,384 | 100 |
| 1941 | 44 | 52 | −7 | 6,377 | 99 |
| 1942 | 662 | 1,096 | −434 | 5,943 | 93 |
| 1943 | 1,067 | 2,066 | −999 | 4,944 | 77 |
| 1944 | 1,735 | 4,115 | −2,380 | 2,564 | 40 |
| 1945 | 465 | 1,562 | −1,037 | 1,527 | 24 |

海軍省軍務局『大東亜戦争中ニ於ケル我物的国力ト海軍戦備推移ニ関スル説明資料』より作成．1945 年度は 8 月までである．1945 年度は計算と数値が一致しないが，そのまま掲示した．1941 年度は 12 月中だけ計上．タンカー等一切を含む．海軍省軍務局三課作成（1945 年 9 月 28 日）．
三輪宗弘『太平洋戦争と石油』日本経済評論社より

年度以降、総トン数は右肩下がりとなる。このころ、アメリカ軍は日本の商船暗号を解読、輸送船団の航行情報を把握できるようになった。アメリカ軍の攻撃によって船舶が次々と撃沈されていった一方、生産施設や資材の不足などの理由で、国内での船舶建造はとても損失分を補う状況ではなかった。

なかでもタンカー船舶の喪失は痛手で、日本に到着した石油量は一九四三年時点で、南方産油量のわずか二十％に過ぎない。太平洋戦争前に軍が描いた蘭印からの石油確保という目論見《もくろみ》はもろくも崩れた。

潜水艦などによる輸送船団への攻撃によって、当てにしていた南方の石油も工業資源も、そして、不足分を賄《まかな》おうとした輸入米も移入米も、とにかくなにもかもが日本に入ってこなくなった。

第一次・第二次両世界大戦でドイツと戦ったイギリスは、ドイツの潜水艦Uボートによる輸送船団攻撃の結果、補給物資が国内に入らなくなり、経済は白旗を掲げる寸前まで追いつめられた。アメリカも第二次世界大戦の序盤には、Uボートの攻撃にさんざん苦しめられた。

このため、アメリカとイギリスは船団航行の方法や護衛艦隊の配置方法などを研究し、商船隊を守る護衛システムを考えた。ソナーなど対潜水艦用の装備を有した護衛専門の駆逐艦《くちくかん》の建造も急ぎ、潜水艦攻撃による被害を最小限に食い止めようとした。

これに対して、日本は輸送船団の護衛について、有効な手を打てぬまま終戦に至った。そもそも陸海軍とも民間商船を守ろうなどという発想自体が希薄だったように思う。

太平洋戦争末期の一九四四(昭和十九)年に、海軍教育局が戦時輸送船員の教育用に作成した資料に「船員ニ告グ」がある。

二十ページの小冊子のなかで、「民間船は脆弱に見えるが、艦艇に比べて予備浮量があるので、容易には沈没しない」「見張りが一番重要になる。旺盛な責任感は心眼を開く」「戦争は無理の連続。勝利のためには金剛精神の発揮が必要」などと、アメリカ軍の攻撃に対し、おおよそ効果があるとは思えない対策を並べ立てている。

ただし、海軍のなかにも、アメリカ軍の潜水艦による海上封鎖に対し、早くから警告を発していた人もいる。何度も話に上らせて恐縮だが、海軍大将の井上成美がその一人である。

一九四一(昭和十六)年に出された海軍大臣宛意見書「新軍備計画論」のなかで、当時、海軍中将だった井上は、「アメリカの海上交通制圧によって、国内が物資窮乏に陥る可能性が大である」と述べている。海軍の海上交通確保戦、今でいう「シーレーンの確保」が、日米戦のなかで特に重要になると強調しているのだ。

しかし、艦隊決戦に勝利することのみを重視した、大井篤海軍大佐(海上護衛総司令部作戦参謀)が呼ぶところの「連合艦隊一本槍《やり》思想」に囚《とら》われた海軍のなかで、海上護衛について真剣に検討されることはなかった。先見の明に富んだ井上の意見書は無視されてしまった。

カエサルはかつて『ガリア戦記』(國原吉之助訳／講談社学術文庫)のなかで、「願わしいものなら喜んで本当と思いこむ(人間の一般的な傾向)」と語っている。信じたくない事実を見せられたとき、当時の海軍首脳部は目を閉じてしまったのだろう。

アメリカに完全に海上封鎖された日本に、もはや戦争を継続する道はなかった。

※1　国際連盟は現在の国際連合(国連)とは違う戦前の組織で、欧州中心であり、アメリカは加盟していない。本部はスイスのジュネーブにあった。現在の国連の本部はアメリカのニューヨークにある。

※2　本文には「戦艦」とあるが、正しくは「軍艦」である。ハワイ攻撃には空母とその護衛の巡洋艦などが出撃し、戦艦は出撃しなかった。

※3　日本の戦車は軽戦車で弱かったし、小銃も日本は単発式(一回に一発)なのに対し、アメリカやソ連は連発式(一回に十発以上)だった。このほか、日本はレーダー開発および装備にも出遅れた。

# 第四章

# 過去の日本の戦争から何を学ぶのか

## 戦争はむごくて恐ろしい

第一章でも書いたとおり、終戦後すぐに、私は海軍兵学校のあった江田島《えたじま》から父がいた呉《くれ》の海軍工廠《こうしょう》を訪ねた。その後、原子爆弾の被害を見たいと思い、呉線で西に向かい、広島へ出た。

広島駅周辺には、まともな建物は一つも残っておらず、プラットホームに降り立つと、はるか遠くの宇品港に入ってくる船の姿まで見えた。まさに市街は焼きつくされていた。

広島市のホームページでは、以下のように原爆の被害を伝えている。

被爆当時、広島には約三十五万人の市民や軍人がいたといわれる。放射線による急性障害が一応おさまった、一九四五(昭和二十)年十二月までに、約十四万人が亡くなったと推定されている。

戦争はいうまでもなく、大変な悲劇をもたらす。

日中戦争開始から太平洋戦争終結までに亡くなった日本の軍人の数は約二百三十万人(日本政府の公式見解)。陸軍参謀本部、海軍司令部に代表される軍上層部が物資の補給(兵站《へいたん》)

のほか、衛生や兵士の休養などを軽視していたため、餓死者や病死者もひどく多かった。戦死者のうち、六割が餓死したという学説もある。

民間の被害も甚大《じんだい》だった。同じく日中戦争開始から太平洋戦争終結までに亡くなった民間人は、厚生労働省などによると約八十万人。このうちの多くが空襲被害で、一九四五(昭和二十)年三月十日の「東京大空襲」では十万人以上が亡くなり、罹災《りさい》者も百万人を超えた。

軍人同様、食糧不足から飢餓や病死で亡くなる人も多かった。第三章で説明したとおり、明治時代から国内生産だけでは不足する主食の米を、タイやビルマなどからの輸入米、朝鮮や台湾からの移入米で補うようになっていた。

ところが、アメリカ軍の潜水艦による攻撃で、シーレーンが確保できず、米の輸入が途絶えると、深刻な食糧難に悩まされるようになった。米の配給基準は一人一日二合三勺《しゃく》から、一九四五(昭和二十)年七月には二合一勺に減らされた。精米歩合も七分づきから五分づきとなり、最終的には玄米に近い二分づきになった。加えて押し麦やコウリャンなどの雑穀も混入されていた。

このため、食べ盛りの子どもには深刻な被害が出た。太平洋戦争前の一九三九(昭和十四)

年度と戦争を挟んだ一九四八(昭和二十三)年度の十四歳男児、女児の平均身長を比較すると、男児は百五十二・一センチから百四十六センチとなんと約六センチ、女児も百四十八・七センチから百四十五・六センチと約三センチも身長が低くなっている(文部科学省「体力・運動能力調査」)。

食糧難は戦後も続いた。むしろ食糧事情は戦時中よりも悪かったかもしれない。

終戦の一九四五(昭和二十)年は大凶作だった。米の収穫量は平年の三分の二に落ち込んだ。加えて敗戦の直後は配給制度が混乱していた。ただでさえ食糧難だったところに、最終的には合計で六百万人を超えたという復員兵や引揚者が途切れることなく帰国してきた。食糧は絶対に足りるわけがなかった。

**侵攻・侵略を続けた日本の戦争**

二〇一五(平成二十七)年、安全保障法制が国会で審議されたとき、新聞の投書欄に「戦争はいやだ」という内容の読者の声が掲載されているのを見た。

私は先にも述べたとおり、もちろん戦争には大反対だが、「戦争はいやだ、いやだ」といういい方には正直いって、違和感がある。

それは日本の戦争の歴史が、鎌倉時代の元寇を除けば、日本自身からの侵攻・侵略の連続だったからだ。日本は戦争で大変な被害を受けたが、それ以上に加害国として、アジア周辺国に多大な損害を与えた。戦争を仕掛けた側が今になって「いやだ、いやだ」ということは、なにか〝自分勝手〟のような気がするのである。

日本史上の最初の戦争は飛鳥時代の百済《くだら》の役(白村江《はくすきのえ》の戦い)になる。それより前の神功皇《じんぐう》后の三韓征伐《さんかんせいばつ》は史実かどうか見方が分かれている。が、これも日本が外国に攻めこんだ戦争だ。

唐と新羅《しらぎ》の攻撃を受けて滅亡した百済王家および遺臣の要請を受けて、日本(倭国)は六六一(斉明七)年から、朝鮮半島に三度に渡って大軍を派遣した。当時の大帝国、唐を敵に回したのは、百済王室を復興させることで、宗主国として百済を支配しようとする野望が日本にあったという説もある。

しかし、唐・新羅の連合軍と白村江で軍事衝突した日本軍は大敗する。豪族の寄せ集めだったため指揮系統が統一されていない、目的もはっきりさせず、兵の逐次《ちくじ》投入を繰り返すなど、日本軍の戦いは稚拙だったようだ。

豊臣秀吉の文禄《ぶんろく》・慶長《けいちょう》の役（朝鮮侵略）となると、武力侵攻の意図は明らかである。秀吉はふくれあがった家臣団に少しでも多くの領地を与えるため、国内での天下統一を進めたあと、朝鮮と中国を征服、果ては天竺《てんじく》（インド）まで進軍する意志を明らかにしていた。

一五九二（文禄元）年の文禄の役では約十六万人、一五九七（慶長二）年の慶長の役では約十四万人という大軍が朝鮮半島に渡った。この両役で朝鮮側は日本軍に殺害された多数の民間人を含め、甚大な被害を受けた。

読者のみなさんのなかには、京都市にある「耳塚」を知っている人がいるのではないか。当時の武士は戦功の証として、打ち破った相手の首をはねていた。しかし、海を隔てた朝鮮からたくさんの首を持ち帰ることは難しい。そこで、相手兵ばかりか女性や子どもまで耳や鼻を削ぎ、塩や酢などに漬けて日本に持ち帰った。

耳塚は秀吉の意向で、こうした耳や鼻を弔うためにつくられた塚なのである。日本に持ち帰られた耳や鼻の数は一説には十万以上ともいわれている。

幕臣だった勝海舟は「数百年も前には、朝鮮人も日本人のお師匠様だつたのサ」（『氷川清話』講談社学術文庫)と語っていた。江戸時代、友好的だったアジア周辺国との関係は、明治維新以降再び崩れることになる。よく知られた日清・日露戦争のほかにも、日本は周辺国に侵攻・侵略及びクーデターを繰り返している。

一八六七(慶応三)年の明治維新のあと、早くも一八七四(明治七)年二月には陸軍中将の西郷従道《つぐみち》が、山県有朋《やまがたありとも》や伊藤博文《ひろぶみ》ら明治政府首脳部の反対を押し切って、台湾出兵を強行した。「明治六年の政変(一八七三年十月)」で西郷隆盛、江藤新平ら征韓派が敗北し、各地の士族に不満が高まっていた。出兵の名目は日本人漂着民が殺害・略奪を受けたことに対する「征伐」だったが、実のところは征韓派の拠点のひとつだった鹿児島県士族の不満を、出兵で解消しようとする目論見《もくろみ》だった。

韓流ドラマなどのテーマとしてたびたび取り上げられる朝鮮王朝(李氏朝鮮)国王、高宗の王妃、閔妃《びんひ》暗殺(乙未《いつび》事変)もその一つである。

一八九五(明治二十八)年、朝鮮に派遣されていた日本公使の三浦梧楼の計画にもとづいて日本軍守備隊、領事館警察官、日本人壮士、朝鮮兵である朝鮮訓練隊らが宮廷に乱入。ロシアや清に接近して、日本の影響力を排除しようと企てた閔妃を殺害したのである。

私たちが過去の戦争を振り返るとき、まずは日本という国が戦争を始めたという認識を持たなくてはならない。

第一次世界大戦では、日本はドイツに宣戦布告をしたが、戦争末期の一九一八年十一月、既にドイツが降伏したあと、これとはまったく関係のない革命の始まったロシアのシベリアに、「シベリア出兵」と称して日本軍を派遣した。軍隊派遣と中止した理由が両方共はっきりしないが、相当数の相手を殺害したことは間違いない。

### アジア周辺国を蔑視していた日本人

このように日本が侵攻を繰り返した背景には、日本人のなかにアジア周辺国に対する無理解、そして自分たちよりも下に見る意識が潜んでいたことも大きい。

福澤諭吉が一八八五(明治十八)年に発表した持論『脱亜論』のなかにも、このような意識を感じられる一節がある。慶應義塾大学教授の小熊英二《おぐまえいじ》が『増補改訂　日本という国』(イースト・プレス)のなかで、『脱亜論』の一部をわかりやすい現代語に訳している。以下、少々長くなるが、引用してみたい。

――わが日本の国土はアジアの東端にあるけれども、その国民の精神はすでにアジアのふるくさいこだわりを脱して、西洋の文明に移っている。しかるにここに不幸なことには、近隣に国がある。その一つを中国といい、もう一つを朝鮮という。……これらは、いまから数年たたないうちに国として亡び、その国土は世界文明諸国に分割されてしまうことは一点の疑いもない。（中略）わが国は、隣国の開明を待ってともにアジアをもりたててゆく猶予はない。むしろアジアの隊列から脱して、西洋の文明国と進退をともにし、中国や朝鮮に接するやり方も隣国だからといって特別の遠慮をせず、まさに西洋人がこれらの国ぐにに接するやり方にしたがって処分すべきだけだ。――

いずれ西洋列強に植民地化されるのではないかという恐怖を、当時の知識人が感じていた点をいささか割り引かなくてはならない。とはいえ、日本が西洋の仲間となって、近代化に遅れた東アジア諸国を侵略する側に回ることこそ、世界のなかで生き残る道だと、福澤は説いているのである。

数年前、戦時中の日本人がいかにアジアを蔑視《べっし》していたのか、私もある友人から衝撃的な話を聞いたことがある。

その友人の知り合いに、中支(中国大陸の中部地方)戦線に出征した人がいた。その兵士が戦地から一時日本に戻ってきたとき、「また戦争に行きたい」といったという。友だちが「なぜだ?」と聞くと、その人はこのように答えたそうだ。

「戦地ではやりたい放題で、女性も思うままになる。戦争は楽しいものだ」

戦地に女性を連れて行くことは、古来、世界中で行われてきた。そうでないと若い兵隊は何をするかわからないと思われていた。かのナポレオンも、ロシアに遠征するとき、女性をたくさん引き連れて行った。そのなかには自国の女性だけでなく、外国の女性も入っていただろうし、現地で捕虜《ほりょ》にした女性も含まれていたと考えられる。

このような歴史があることや、太平洋戦争中の日本軍の周囲に居た慰安婦のなかに、中国大陸や朝鮮半島、台湾、フィリピン、オランダなどの女性が含まれていたことも、知ってはいた。

しかし、戦時中とはいえ、「だから戦争は楽しい。また戦争に行きたい」と口にしてはばからない人がいるとは……。私は改めて大きなショックを受けた。

この話をしてくれた友人は、最後にこうもいっていた。

「そういうのが日本の軍隊だったのだとしたら、日本が悪い。韓国や中国の対日感情が悪くても当たり前だ」

これは戦時中の話である。しかし、これを過去の話と片付けていいのであろうか。

ここ数年、書店に行くと「嫌韓」「反韓」などといった見出しがついた、韓国を安易に批判したり蔑んだりしたりする書籍や雑誌を目にするようになった。今の私たちにも、中国や韓国を見下げる感情や意識がないか、改めて自省しなくてはならない。

## 「歴史に学ぶ」ということはどういうことか

私が以前、テレビ番組を見ていて驚いたことがある。街頭でインタビューされた日本の若者たちが、戦争について本当に何も知らないのである。「昔、日本はどの国と同盟していたのか」と聞かれて、「アメリカ」と答える若者も少なからずいた。

しかし、これは若者に限った話ではないのかもしれない。

少々古くなるが、二〇〇〇(平成十二)年にＮＨＫ放送文化研究所が、十六歳以上の男女約二千人を対象に「先の戦争と世代ギャップ」と題する世論調査を実施した。

このなかで「最も長く戦った相手国」「同盟関係にあった国」「真珠湾攻撃を行った日」「終戦を迎えた日」という四問について聞いたところ、正確に答えられたのは全体のわずか十八%だった。

戦争に限らず、自国の歴史について深く学ぼうとしない日本人が増えているのではないか。二〇〇五(平成十七)年に、日中外相会談が北京で行われたとき、中国では反日デモが激化しており、群衆の一部が北京の日本大使館や上海の日本総領事館に投石などの破壊行為を繰り返していた。会談の席で、日本の町村信孝外相は謝罪を求めたが、中国の李肇星《りちょうせい》外相(中国国務院外交部部長)は、次のように答えて謝罪を拒否した。

「中国政府は、これまで日本人民に申し訳が立たないようなことをしたことはないし、日本人民に謝罪しなければならないようなこともしていない」

この発言を知ったとき、私は、「なぜ、日本側は元寇のことをいわなかったのだろう。日中間の歴史については知っていないのかな」と感じた。

李外相発言の「中国政府」とは、中国共産党が指導する今日の政府を指しているのだろう。しかし、歴史を振り返れば、中国を支配していたモンゴル帝国の元が、十三世紀後半の元寇で、二度に渡り日本に攻め入って人々を恐怖に陥《おとし》れている。「これまで日本人民に謝罪するようなことは何もしていない」というのは、いささかいい過ぎではなかろうか。

いうまでもなく日本も、今でこそ平和憲法をもつ民主国家となっているが、戦前は軍国主義の政府のもと、中国を侵略したという歴史的事実がある。

これらを踏まえて、町村外相は、あの会談で、「ついこのあいだ、日本は中国を侵略してご迷惑をおかけしました。そういえば七百数十年前に、確かそちらの軍隊が日本に攻め込んできたこともありましたね」と穏やかに切り返して、険悪な雰囲気をほぐせばよかったのだ。

もともと日本は明治時代から、それまでの伝統をほとんどすべて断ち切ってきた。しかし、昔のものでもよいものであれば継承し、そこから新たなものをつくりだすことはできるはずだ。実際に伝統芸術の世界では、今もそれが行われている。

「見切りが早い」、あるいは「あきらめがよい」というべきなのか、日本人はある時点でスパッとそれまでのものを切り捨ててしまうことが多いような気がする。昔のあやまちは思い出したくない、失敗体験は早く忘れたいという気持ちは誰にでもあるものだが、過去のものをなにもかも捨て、あとを振り返らないのでは、歴史から何も学べなくなってしまうだろう。

海軍兵学校の校長をつとめた井上成美《しげよし》は、太平洋戦争が終わって二十年後の一九六五(昭和四十)年に、雑誌『人物往来』のインタビューで、歴史を学ぶ意義について、このように語っている。

――われわれが歴史を勉強する目的は、過去のことを正確に分析して、そこから現代の役に立つ教訓をくみとることにあるはずです。ところが、かつて明治時代に、日清・日露という二つの大きな戦争をやり抜きましたが、そのあとで歴史家や軍人たちが、二つの戦争とも、戦闘では勝っても戦争では負けていたと見るべきだったのに、勝った勝ったと有頂天になり、「シナ何するものぞ」「ロシアくみしやすし」という空気をうみだしてしまい、それが昭和までもちこされてしまいました。

そして、満州事変、シナ事変となり、ついに米英を敵にまわす戦争へと突入してしまったわけです。

歴史を学ぶということ、真実がどこにあるかということを見極めることが、これほど大事な意味を持っているんだということを、二十年前の八月十五日がまざまざと教えてくれたと思っています。――

歴史問題や領土問題をきっかけに悪化した現在の日中、日韓関係も、井上が語った「過去を分析し、真実のありかを見極め、現代に役立つ教訓とする」姿勢が当事国双方にあれば、また違った展開になっていくように思う。

## 「大和ミュージアム」に思う

以前、オーストリアの首都ウィーンに行ったとき、街なかの広場で、旗を掲げたソ連兵士の銅像を見たことがある。ナチス・ドイツに併合されていたオーストリアは、第二次世界大戦後の約十年間、米・ソ・英・仏に分割占領された。このモニュメントは、ウィーンを占領した旧ソ連軍が自国の兵士を讃えるために建てたものだ。

ウィーンの人々にとっては、屈辱の象徴ともいえる記念碑だと思うのだが、オーストリアが主権を回復したのちも壊されたり撤去されたりすることなく、こうして残っていることに感銘を受けた。

ドイツにも、強制収容所跡やナチス関係の建物の跡地などに、戦争と迫害の記憶をとどめる記念館や追悼所が数多くあるし、記念碑の類はそれこそ国じゅうに数え切れないほど存在する。過去のあやまちを忘れず、現代の教訓として生かそうとしているのである。

日本にも、戦争の悲惨さを伝える記念館やモニュメントは各地にあるが、その数はヨーロッパの国々と比べるべくもない。また、それらの施設のほとんどは、「被害者」の立場からつくられたもので、「日本は戦争の加害者でもあった」という意識が、ともすると抜け落ちているように思える。

一九五一(昭和二十六)年に開かれたサンフランシスコ講和会議で、自国の死者数をインドネシアは四百万人、フィリピンは百万人と公表した。全土が戦場となった中国の死者は一千万人以上ともいわれており、アジア全域(日本も含む)の死者は二千万人を超えていると推測されている。

日本軍から甚大な被害を受けた中国には、上海郊外に上海淞滬《しょうこ》抗戦記念館、南京市に南京大虐殺記念館、満州事変の発端となった柳条湖《りょうじょうこ》の近くに九・一八歴史博物館など、一方、韓国にはソウルに戦争記念館、天安《チョナン》に独立記念館などがある。なかでも、韓国の独立記念館は約四百万平方メートルの敷地に七つの展示館を持つ、世界最大級の戦争博物館である。

こうした博物館では数多くの展示物を通して、戦争の歴史や記憶のほか、自国が受けた被害を国民に対して広く伝えていることを、日本人は肝に銘じておく必要がある。

日本軍が終戦後、中国から引き上げるときに、中国各地に残してきた化学兵器(毒ガス弾)の処理がまだ終わっていないので、「早くやってほしい」と中国の外相が二〇一六(平成二十八)年の伊勢《いせ》志摩サミット開催の直前に発表していると新聞に出ていた。私はびっくりし、中国のおだやかに見える態度に震えあがった。後述するように、イラクを大量破壊兵器(毒ガス弾)保持国として、当時のフセイン大統領殺害を含め、アメリカが中心となって攻略したほど、毒ガスは危険なものなのだ。もう七十年以上もたったのに、日本はまだこの件を解決していないのだ。

日本では呉市に生まれた呉市海事歴史科学館(愛称は大和ミュージアム)が二〇一五(平成二十七)年に開館十周年を迎えた。古くから軍港として栄え、戦後は臨海工業都市として発展した呉市の歴史と、造船などの科学技術を紹介している。

ここには、戦艦「大和」を実物の十分の一で忠実に復元した模型が展示されている。模型とはいえ、全長約二十六・三メートル、高さ約五・七メートルもある巨大なもので、二億円以上の建造費を要したそうだ。

この模型が話題を呼び、開館から十年間で来館数は一千万人を突破し、Tシャツや帽子やお菓子などの「大和グッズ」を取り扱う館内売店の売上も上々と聞いている。

多くの人がここを訪れ、お店が繁盛するのは結構なことだ。ただし、二億円以上をかけて「大和」のミニチュアをつくったことを、お金の無駄づかいと見ている人たちもいる。大金を投じた巨大な模型が、単なる観光の目玉で終わることなく、戦争の現実を後世にしっかりと伝えるものになっていくよう願っている。

### 今も続く輸入頼りの食糧と石油

二〇〇九(平成二十一)年アメリカでベストセラーになり、日本でも話題になった『100年予測——世界最強のインテリジェンス企業が示す未来覇権地図』(ジョージ・フリードマン著・櫻井祐子訳/早川書房)と題するノンフィクションがある。

これは「影のCIA」とも呼ばれるアメリカの情報機関ストラトフォーのCEO、ジョージ・フリードマンが、地政学的見地から今後百年間の政治経済の危機、国家間の紛争などを大胆に予測したものである。

フリードマンはこの本で日本人にとって非常に衝撃的な予測をしている。二〇二〇年代、経済の低迷により中国とロシアの政情が不安定化。すると日本は「遠慮がちな平和主義国」という政治スタンスを転換し、海外の労働力と工業資源の安定確保のため、中国と極東ロシアの太平洋沿岸部に、積極的に進出しようとする。

これを快く思わない、アメリカとの対立が次第に激化、ついに二〇五〇年代、日本がトルコ(のちにドイツも加わる)と組んで、アメリカ、イギリス、ポーランド、統一された朝鮮などに対し、国際戦争を仕掛けるというのである。

フリードマンは日本を以下のように分析している。

――日本は世界第二位の経済大国だが、原材料のほとんどを輸入に頼っている。これは日本の歴史的な重大問題であり、一九四一年に日本がアメリカと開戦した主な理由でもあった。真珠湾を攻撃する前の日本の国内が一枚岩ではなかったことは、忘れられがちである。日本の指導層には、シベリア進出は日本に必要な原材料をもたらし、アメリカとの対戦よりリスクが少ないと主張する者もいた。いずれにせよ、日本がどれほど悲壮な思いで原材料を求めていたか、そして今後も求めるであろうことを、見過ごしてはならない。

（中略）
日本には、実力本位で登用された有能なエリート支配層があり、その支配層に進んで従おうとする、非常に統制の取れた国民がいる。日本はこの強みを持つがために、予想不能とまでいかなくても、他国であれば混乱に陥るような政策転換を、難なく実行することができる。

——

ちなみに、フリードマンは太平洋戦争と同様、日本はアメリカに敗れると予想している。私たち日本人にはにわかには信じがたいシナリオだが、国際政治に詳しい専門家が客観的に分析すると、日本は「原材料の確保が脅かされれば、必ず行動を起こす国である」という結果が出たことは覚えておいたほうがいい。

現在の日本のエネルギー自給率は六・〇％、石油の自給率はわずか〇・三％である（二〇一四年、資源エネルギー庁調査）。国民生活や工業生産に欠かせない石油は、政情が不安定な中東からの輸入が頼りである。

食糧も状況は同じである。自給率はカロリーベースで三十九％、生産額ベースで六十四％（二〇一四年度、農林水産省調査）と、先進各国に比べて極めて低い。石油と食糧の確保に不安がある点で、戦前と状況はなんら変わっていないのである。

安倍政権が政策として、人口増加を図ろうとするのであれば、食糧自給率の向上だけでも目指すべきだと思うが、みなさんはどう思うだろうか。

もちろん、私はフリードマンが分析するように、中国とロシアがそう簡単に弱体化するとも思えないし、昭和時代の戦争で多大な被害を出した日本がそう簡単に戦争を考えることもないと信じている。ただし、先に挙げたＮＨＫのアンケートを見ると、日本人から戦争の記憶が次第に薄れているのも確かである。

七十年間にわたって続いてきた平和をいかにして守るか、真剣に考える必要がある。

## アメリカ頼りでは日本は守れない

戦後、日本の平和は、ある意味、日米安全保障条約を核とした日米安保体制によって守られてきた。しかし、軍事的同盟は組む相手国も内容もその時々の状況で変わるもので、未来永劫、続くとは限らない。

世界の歴史はこれを証明している。

戦前の日本も一九〇二(明治三十五)年にイギリスと日英同盟を結ぶが、一九二三(大正十二)年に失効。そののち、一九四〇(昭和十五)年には、第一次世界大戦で戦ったドイツなどと日独伊三国同盟を結んだ。

そのあと、ソ連と日ソ不可侵条約を結んでいたが、終戦直前、ソ連は一方的にこれを破棄して、千島、樺太《からふと》、満州に攻め込んできた。

日米安全保障条約も、日本、アメリカどちらか一方の通告から一年で失効すると定められている。決して戦後の日米安保体制が続く保証はないのだ。

アメリカは一九六〇年代にベトナム戦争に本格介入、一九九一(平成三)年には湾岸戦争を展開した。このため、私たちはアメリカを「世界の警察」と呼び、悪くいうなら好戦的な印象を持っている。

しかし、かつてのアメリカは、必ずしも積極的に他国に介入する国ではなかった。一八二三(文政六)年にアメリカ大統領、ジェームズ・モンローが表明した「モンロー主義」に象徴されるように、第二次世界大戦までのアメリカの外交政策は「孤立主義」と呼ばれ、アメリカが権益を持つ南北アメリカ地域以外の紛争には、基本的に不干渉というのが原則であった。

一九三五（昭和十）年にはアメリカが戦争に巻き込まれないように、戦争もしくは内乱状態にある国への武器や軍需物質の輸出を禁ずる中立法も制定している。

実際、アメリカは第一次世界大戦後、一九二〇（大正九）年に正式発足した国際連盟には参加を見送った。第二次世界大戦においても、大統領のルーズベルトはヨーロッパでのファシズム勢力の拡大および、中国における日本の侵攻を防ぐため、参戦の機会を狙っていたが、日本の真珠湾攻撃まで本格参戦に反対するアメリカ国民の声は根強いものがあった。

二〇一六（平成二十八）年八月現在、アメリカは四年に一度行われる大統領選挙の真っ只なかにある。この大統領選で全世界の話題を集めているのが、共和党候補のドナルド・トランプである。トランプはかねてから日本や韓国が駐留する米軍の経費を全額負担しないのなら、「米軍を（日本や韓国から）撤退させるべきだ」と主張している。

アメリカは二〇一三（平成二十五）年ころからのシェール・ガス革命、続くシェール・オイル革命で、ガスと石油が自国で大量生産できるようになっている。今後、海外での軍事行動に消極的になることは十分に予測できる。アメリカが再び孤立主義をとらないとも限らない。

十九世紀のイギリスの首相パーマストン子爵（ヘンリー・ジョン・テンプル）は「永遠の同

盟国もない。永遠の敵国もない。あるのは永遠の国益だけ」と語った。大統領選のニュースを見ていると、日本もこのままアメリカ一本槍の安全保障・外交を続けていいとはとても思えない。

## 永世中立国スイスに学ぼう

日本は太平洋にある島国である。

例えば、日本が中東から石油を運ぶとしよう。その場合、最短ルートを通るとしても、中東近海を抜け、インド洋を横断し、マラッカ海峡を通り、さらに南シナ海を渡らないとならない。長大なシーレーン(海上交通路)を確保する必要がある。

このシーレーンを一国の軍事力だけで守るのは、そもそも無理がある。膨大《ぼうだい》な軍事費をかけて強力な軍隊を持たなくてはならないからだ。それは、さまざまな意味で、今の日本では不可能である。

外交を通じて、周辺各国との協調関係を築くことが重要だ。

多くの国から原料や食糧を輸入している日本は、限られた国と良好な関係を築くよりも、いろいろな国との関係を悪化させないことが、なにより大切だと思う。個人的には今の日本に、どうして「永世中立国化」を提案する人がいないのか不思議でならない。

ただし、私がいう中立国化とは「非武装中立で自国防衛をしない」というものではない。平たくいうとスイスのイメージである。外交努力によってすべての国と友好関係を結ぶが、万一のときの危機管理にも万全を尽くすのである。

永世中立国とは他国間のいかなる戦争にも加わらない代わりに、他の国も中立を保障・承認している国のこと。もちろん、国際間で〝絶対の保障〟などありえないので、「平和国家」と呼ばれるスイスも強力な軍隊を持っている。

陸軍と航空軍団からなるスイス軍は、約四千人の職業軍人と徴集兵で構成され、わずか八百八万人の総人口に対し、予備役(有事や訓練時に軍隊に戻る)は約十六万人を数える。徴兵制にもとづき、十九歳から二十歳のときに十八週から二十五週の新兵徴集訓練、その後、三十歳までに三週間の訓練を七回受けなくてはならない(『防衛年鑑(二〇一五年版)』防衛年鑑刊行会編集部編/防衛メディアセンター)。

また、スイスは大型ビルだけでなく、民間の住宅にもごく当たり前に核シェルターを設けている。このため、核戦争が起こったとしても、スイス国民全員がシェルターに避難できるそうだ。

私は勤務先の会社から約一年間スイスに派遣されていたが、それほどおいしくないとは思わなかったが、スイス人は「スイスのパンが世界一まずい」と自分たちでいっている。それも防衛に関係している。

スイスでは一九八二(昭和五十七)年、「一九八二年十月八日の経済に関する国の供給に関する連邦法」を公布、食糧の備蓄に乗り出した。今日では小麦や米、砂糖などについて全国民の平均六カ月分を備蓄している。

とれたての小麦は政府に買い上げられて備蓄に回り、備蓄していた古い小麦が払い下げられ、ふだん口にするパンの材料に使われるため、スイスは世界一パンの味が悪くなるというのだ。

実は三年前(二〇一三年)、スイスでは「さしあたって軍事的脅威があるわけでなく、お金の無駄遣いである」として徴兵制を存続させるか否かを問う国民投票を実施した。結果は圧倒的多数で徴兵制の存続が支持された。それだけ国民の防衛意識が高いのである。

スイスはあらゆる努力を惜しまずに、国を守ろうとしている。現在の日本は、こうした危機意識に明らかに欠けているのが心配だ。

### 隣国に合併された島国とトルストイの小説

琉球は、江戸時代は九州の島津に強制的に仕えさせられたが独立王国だった。明治政府の廃藩置県の時、沖縄県となり、王家(尚《しょう》氏)は、日本の貴族(伯爵)となり、部下と共に日本国民となった。このことが、日本の南方進出の第一歩となったのである。

ハワイは、長らく王国として独立国だったが、王朝の近親結婚をアメリカ人が非難して、王政が廃止されたあと、前述のように一八九八(明治三十一)年にアメリカの属国となった。このとき、日本は軍艦(司令官は、後に元帥になった東郷)を派遣し日本移民の安全を守った。アメリカの太平洋進出の第一歩はハワイを属国としたことだったが、ハワイが州になったのは、一九五九(昭和三十四)年のことで、国旗の星が一つ加わったのもその後だ。

太平洋戦争でハワイが開戦時の激戦地となり、沖縄が終戦直前の最後の陸上戦地となった事実は、両国の関係上、大変興味深い。なお、沖縄は、太平洋戦争後の日米平和条約締結後もアメリカの政権下にあり、日本に返還されたのは一九七二(昭和四十七)年だった。なお、現在問題となっている尖閣諸島も沖縄に含まれるとアメリカは書面に明記して日本に返還した。自動車の通行路も、アメリカ式の右側から、日本式の左側に変わった位、政治体制は一変したのだ。

トルストイは、ロシア帝政末期の文豪だが、日露戦争後、戦争がきらいになり、子供向けに次のような小説を書いた。「軍隊のいない国に、別の国の軍隊が侵入し全国を占領したが、まったく抵抗しない人々に接した軍人達があきれて出ていってしまった」。しかし、ロシアは、つい最近まで旧ソ連に含まれていて今は隣国となったウクライナの一部を、軍隊によって占領し、現在もそのまま続けている。国連もウクライナ国も反対しているが未解決のままだ。

## 磨かなくてはならない外交力

特定の国とではなく、全方位に渡って外交を展開しようとするとき、危惧されるのが日本人の外交下手である。

これは、潔癖で短気という日本人の気質によるところが大きいのかもしれない。勝海舟は『氷川清話』のなかで、このように厳しく語っている。

――死を懼《おそ》れる人間は、勿論談《はな》すに足らないけれども、死を急ぐ人も、また決して誉《ほ》められないヨ。日本人は、一体に神経過敏だから、必ず死を急ぐか、または、死を懼れるものばかりだ。こんな人間は、共に天下の大事を語るに足らない。

（中略）

かういふ風な潔癖と短気とが、日本人の精神を支配したものだから、この五百年が間の歴史上に、逆境に処して、平気で始末をつけるだけの腕のあるものを求めても、おれの気に入るものは、一人もない。――

私もこの点には大いに同意する。日本人は一言でいえば、せっかちなのである。

小学校のころ学校で教わった歌に、「運転手はきみだ　車掌《しゃしょう》は僕だ　あとの四人は電車のお客」というのがあった。そのあとの歌詞は、「お乗りはお早く　動きます」で、「早く乗ってください」とお客をせかす。

せっかちなうえに、人の気持ちを察しないで、行動が先に立つことも多い。

潔癖、せっかちなどといった性格は、外交では得てしてマイナスに働く。戦前の国際連盟脱退（一九三三年）などは、まさにこうした例ではないかと思う。

一九三二（昭和七）年、国際連盟から日本や中国に派遣されたイギリス人伯爵、ヴィクター・ブルワー＝リットン率いる調査団（リットン調査団）は、確かに日本が主張する満州国建国は認めなかった。しかし、そのうえで満州における日本の権益の存在は受け入れようとしていた。

「満州は、形の上では国際連盟が管理し、そのもとに日本が仕切っているという現状を認める」（『誰もが書かなかった日本の戦争』田原総一朗／ポプラ社）といっているのである。

あくまで満州国建国を認めさせるよう外相の内田康哉《こうさい》から指示を受けていたとはいえ、国際連盟理事会に出席した日本代表の松岡洋右《ようすけ》は、国際社会と妥協点がないかもう少し粘って探ってもよかった。少なくともその場で国連から脱退することはなかった。それなのに、松岡は脱退を宣言してしまった。しかも、当時の日本の新聞は第一面で大々的にこれを賞賛したのだ。

それでもイギリスは一九三五（昭和十）年、政府の経済顧問、リース・ロス卿らを派遣。資金に困っている中国の蔣介石《しょうかいせき》に日英共同で一千万ポンドの借款《しゃっかん》をしようと申し出てきた。「日本国がこれに応じれば、英国は、事実上満州国を承認しよう」（『誰もが書かなかった日本の戦争』）というのだ。

世界じゅうに植民地を抱え、ドイツとも対立を深めていたイギリスは、日本には好意的で、何度か助け舟を出している。ところが、あくまで満州国建国にこだわった日本政府と軍部は、これらの提案に対し、まったくもって耳を貸そうとはしなかった。

現在、旧満州地区は中国東北部と呼ばれ、中国最大の石油産業基地になっているそうだ。慌《あわ》て者のうえに、外交下手の日本を哀しく思う。

最近の日本の政治を見ても、このような態度は少しも変わっていない。違う意見や少数意見を聞くのは面倒とばかりに、多数決で物事をすぐさま決しようとする印象を受ける。「何でも早く決めよう」という日本人の気質なので、すぐに変えることは難しいだろうが、外交の場で相手の主張に耳を傾けないようであれば、交渉は即座に決裂してしまうだろう。一晩でもゆっくり眠ると、新しいよい考えが浮かんでくることはよくある。

大戦での日本の外交上の一番の失敗は、ソ連との不可侵条約を最後まで信じていて、ソ連を通じてアメリカとの和平交渉を行おうと外務省が考えていたことである。

ところが、ポツダム宣言はソ連も加わっており、一九四五年八月の終戦の直前、ソ連が前述の条約を一方的に破棄して、日本領土であった千島列島、南樺太と、満州の日本の関東軍に攻撃を仕掛けたのである。

日本政府も陸軍も不意をつかれて何もできず、しかも戦後もソ連は降参した日本兵を多数捕虜扱いにして、シベリアで何年も酷使したのである。シベリアでの日本軍捕虜は重労働と食糧不足に冬の厳しい寒さもあって、多数の死亡者が出ている。

ソ連はその後、ロシアとなったが、未だに日本とロシアとの間には終戦処理後の平和条約が結ばれていないという極めておかしな状態になっている。

**江戸幕府が解決した離島所有権**

日本が今、抱える大きな外交問題の一つが、ロシアが支配する北方領土、韓国が占有する竹島といった離島所有権の問題である。

意外に知られていないが、武力ではなく、アメリカやイギリスとの外交交渉を通じて、江戸時代末期に日本が平和裏に所有することになった離島がある。それが父島、母島、硫黄島《いおう》などからなる小笠原諸島である。

小笠原諸島は一六七〇(寛文十)年、遠州灘《なだ》で漂流した日本人船員が正式に発見。長崎のオランダ商館に赴任したドイツ人医師エンゲルベルト・ケンペルが書いた『日本誌』(一七二七年)や、江戸後期の政治経済論者、林子平の著した『三国通覧図説』(一七八五年)の英語版などの書物で、その事実が欧米に広く知られるようになった。

しかし、こうした経緯があったにもかかわらず、最初に小笠原諸島に住み着いたのは欧米人だった。

十九世紀に入ると欧米の捕鯨船が薪水《しんすい》の補給基地として小笠原諸島にたびたび上陸するようになり、一八三〇(天保元)年にイギリス領事の呼びかけに応じたイギリス人、ハワイ人ら二十五名が父島に入植。その後、一八五三(嘉永六)年にペリー提督が父島に上陸、遠洋航海のための貯炭所を設け、その管理を住民最古参の男、セボリーに任せた。

この事態を重く見た江戸幕府は、過去の日本人による無人島先占の事実を主張。イギリス公使らから「友好的に外国船の停泊を認め、保護を加えるなら干渉しない」との回答を得たうえで、一八六二(文久元)年、英語に堪能なジョン万次郎を通訳に、外国奉行の水野忠徳《ただのり》らの一行を咸臨《かんりん》丸で派遣した。

小笠原諸島を領有できるかどうかは、島民の説得がカギと思われた。父島に到着した水野は、「今回の来島の目的は開拓で、外国人を退去させるためではない。やがて送られてくる日本人開拓民とともに、末長く仲良くさせていただきたい」と丁重に呼びかけた。土地の所有など欧米人の既得権を認めるとともに、酒やロウソク、手ぬぐい、刃物類などの生活必需品を贈り物として、島民に渡した(『幕末の小笠原』田中弘之/中公新書)という。

数度の交渉のなか、水野と島民代表のセボリーの間には確かな信頼関係が生まれたようで、水野は島に滞在中、同行させた医者に高齢のセボリーをたびたび見舞わせている。

秩序と安定をもたらす公権力を島民側も求めていたため、日本の領有宣言はすんなりと認められた(ただし、国際的に日本の領土と認められたのは明治維新後の一八七六年)。水野の誠意ある説得が功を奏したのである。今も小笠原諸島には日本人と欧米系の住民の両方が暮らしている。

かつては余計な紛争を防ぐため、離島を共同統治するケースも決して珍しくはなかった。

一八五五(安政元)年、日本とロシア両国は日露和親条約を結んだ際、国境を定めることができなかった樺太を日露混住の地とした。

ほかにも、イギリスとアメリカが共同統治した南太平洋のカントン島およびエンダベリ島(現在のキリバス共和国)、イギリスとフランスが共同統治したニューヘブリデス諸島(現在のバヌアツ共和国)などの例がある。

互いの国民感情がぶつかる所有権問題の解決には、関係国が知恵を出し合うことがなにより大切になる。私たちの先人もまた努力を重ねてきた。

最近、生活の党と山本太郎となかまたち共同代表の小沢一郎が、自民党幹事長だったころ、当時ソビエト連邦の最高指導者だったミハイル・ゴルバチョフと秘密裏に、「北方領土購入の交渉を進めていた」と語ったようだ。

この方法が果たしてよかったのか賛否は分かれるだろうが、離島所有権の解決は一筋縄《ひとすじなわ》ではいかないことは事実だ。ちなみに、現在のアラスカはアメリカ領だが、これはおよそ百五十年前に、アメリカがロシアから購入したところなのだ。

結論を一朝一夕《いっちょういっせき》に求めようとすれば、紛争の火種になりかねない。それこそ潔癖で短気な日本人には難しいだろうが、粘り強く交渉を進めていくしかない。離島の歴史や過去の交渉の経緯を丁寧《ていねい》に掘り下げていけば、私は解決の手がかりが何か見つかると思う。

アイルランド共和国の独立は割合最近だが、このときイギリスは結果としては維持した北アイルランドに軍隊を送って独立派と小戦闘をくりかえした。現在はおさまっているが、このさわぎのとき、イギリスは北アイルランドの一部の土地を両派の共同支配地としていた。たぶん教会関係の土地だ。この事が喜劇映画になっているのだからおもしろい。ブリジット・バルドー扮する独立派の美人に恋心をいだいたイギリス軍司令官が部下に内緒で美人を司令部内に入れたが、美人の持ちものの中に小型自動放送機があり、この放送が、ここは独立派の中心基地だと放送したのでイギリス軍がうろたえたという喜劇だ。土地の領有権のような国家間の争い事をユーモラスに喜劇的に考えるくらい、心に余裕があるのはよい事と思う。

なお、北アイルランドをイギリスが維持した目的の一つにイギリス国旗（現状はイングランド・スコットランド・アイルランドの旗の合成）を現状のままとしたいということがある。

## 歴史についてもっと興味を持とう

二〇一五(平成二十七)年、国会で選挙権年齢が「二十歳以上」から「十八歳以上」に引き下げられることが決まった。若いみなさんの一票によって、政治を変えるチャンスが生まれたのである。

これをきっかけに、若いみなさんに日本の、世界の政治や歴史について、楽しく勉強してほしいと思う。政治や歴史に関する知識はいくらあってもいいのだ。

戦前の日本は「進め一億　火の玉だ」などと勇ましい声に突き動かされて、長年に渡る戦争に突き進んでいった。しかし、このような正気を失った時代にあっても、勇気を持って戦争に反対する声を挙げた人もいた。

そのひとりが、リベラルな言論人として知られる石橋湛山《たんざん》である。石橋は『東洋経済新報』社説「大日本主義の幻想」(一九二一年)で、日本の中国大陸進出を強く諫めた。

日本列島の対外貿易を見ると、当時日本領だった朝鮮、台湾、関東州(中国東北部)という三地の合計額がわずか九億余円なのに対し、アメリカは十四億三千八百万円、インドは五億八千七百万円、イギリスは三億三千万円である。日本が経済的自立を図ろうとするのであれば、アメリカやインド、イギリスこそ重要ではないか、と。

ところが、戦争に向かう空気とは恐《おそ》ろしいもので、誰もこの正しい意見を聞こうとはしなかった。ただし、これを昔の戦時体制のころの話だからと済ませるのは間違っている。

二〇〇三(平成十五)年、「湾岸戦争時の停戦決議に反して大量破壊兵器を保持している」と、アメリカがイギリス、オーストラリアなどとイラクに侵攻したが、結局それは見つからなかった。日本はいちはやくアメリカの武力攻撃を支持したが、それが正しかったか、今となっては多くの人が疑問に思っているだろう。

だからこそ、危機的事態のときに冷静に客観的に議論できるよう、私たちは政治や歴史の知識を身につけておかなくてはならない。少々酷《こく》かもしれないが、勉強不足を棚に上げて、簡単に「わからない」などといってはだめだ。

海外の子会社に派遣されていたころ、その国に駐在していた日本の大使から、私はこのように注意されことがある。

「この国で、日本人が好かれていると思ってはいけない。あなた方が接するこの国の人たちは、どちらかというと日本人を嫌いではない人たちです。ですが、そうでない人もたくさんいることを、忘れてはいけない」

海外に留学した学生や会社に派遣されたビジネスマンのなかには、現地の友人から日本の歴史や伝統文化について聞かれても、何も答えられない人がいるそうだ。誠に心もとないと思うのは私だけだろうか。

歴史のなかには、私たちの先輩方が行った輝かしい出来事もあれば、深く反省しなくてはならない失敗もたくさんある。また、世界各地で起きているさまざまな問題には、必ず過去の歴史が絡んでいる。

歴史を学ぶことで、これからの私たちの指針が自ずとわかってくるはずだ。

「憲法九条で国は守れるのだろうか」「食糧自給はこのままでいいのか」「石油（含むＬＮＧ、石炭など）に代わるエネルギー源はないのか」……。今の日本は多くの課題を背負っている。若いみなさんはかつての日本人のように決して思考停止にならず、ひとつひとつの歴史を紐解きながら、政治や外交問題に対し、自分の考えを深めていってほしいと思う。

# 第五章

# 徳川家が体験した昭和の戦争

## 維新後、華族に列せられた徳川家

ヨーロッパ社会には「ノブレス・オブリージュ」という言葉がある。高貴な人物はより多くの義務を負うという意味である。明治維新によって、徳川家は政権こそ手放したが、上流社会の一員として、太平洋戦争が終結するまで、陰に日向に歴史のなかで重要な役割を担ってきた。

戊辰《ぼしん》戦争で「朝敵《ちょうてき》」あるいは「逆賊」という汚名を着せられた徳川家だったが、明治時代になると、意外にも早い段階で名誉回復を果たすことになった。

徳川家は八家ある。宗家、徳川慶喜《よしのぶ》家、三家(尾張・紀伊・水戸)、三卿(田安・一橋・清水)で、徳川慶喜家は一九〇二(明治三十五)年に創設されたものである。

宗家と慶喜家は公爵に、三家は侯爵に、三卿は伯爵に列された。徳川各家は例外なく華族に列せられたわけである。

大正期に入ると水戸家も公爵に叙された。徳川光圀《みつくに》以来、長年にわたって編纂されてきた『大日本史』が一九〇六(明治三十九)年に完成し、朝廷に献上されたことが認められたのだ。

華族は公爵、侯爵、伯爵、子爵、男爵の五つに分かれ、最上位の公爵は国家最高の栄誉とされた。侯爵以下とは格段に待遇が違う。公爵家の男子には男爵が授けられ、独立して男爵家を興すことができた。また、公・侯爵は自動的に貴族院議員になれたが、伯爵以下は互選であり、議員になれたのは一部の人だけだった。

当時の貴族院は現在の参議院とはちがって、衆議院と対等の関係にあった。

さらに時代が下ると、徳川家は昭和天皇の弟宮すべてとつながることになった。秩父宮雍仁《やすひと》親王妃の勢津子《せつこ》さまは、旧会津藩主・松平容保《かたもり》の孫娘。高松宮宣仁《のぶひと》親王妃の喜久子《きくこ》さまは、徳川慶喜の孫娘。三笠宮崇仁《たかひと》親王妃の百合子《ゆりこ》さまは、慶喜の八女・國子が嫁いだ大河内家と血縁の、高木正得《たかぎまさなり》子爵の娘だった。なお、大河内家は、三代将軍家光と四代将軍家綱に仕えて、「知恵伊豆」と呼ばれた老中、松平伊豆守信綱《のぶつな》の末裔である。

戊辰戦争で「朝敵」とされた徳川一門から皇室に嫁《か》す「血の交流」には、これまでのわだかまりを水に流す思惑もあったらしい。

こうして華族となった徳川家は、歴史の舞台から退場することはなかったのである。なかでも徳川家達《いえさと》、好敏《よしとし》、義親《よしちか》、義寛《よしひろ》、慶光《よしみつ》の五名はそれぞれの立場で、戦火にあいまみれた激動の明治・大正・昭和(戦前)時代を生き抜いた。彼らの人生を振り返ることで、日本の戦争について改めて振り返ってみたい。

## 総理に推された徳川家達

現在の国際社会は「テロの時代」に入ったといわれる。しかし、かつての日本にもテロの嵐が吹き荒れた時代があった。こうした戦前の暗い時代のなかで国際外交の場で活躍したのが徳川家達である。

一八六八(慶応四)年、満四歳で宗家を相続した田安亀之助《かめのすけ》は徳川家達と名乗り、徳川ゆかりの駿河《するが》府中城主となった。世が世なら十六代の将軍になっていたはずの家達は、家来たちからのちのちまで「十六代さん」と呼ばれたという。

一八六九(明治二)年の版籍奉還で家達は静岡藩知事となり、廃藩置県で知事を免ぜられると東京に戻って千駄ヶ谷に屋敷をかまえた。元知事といっても、このときまだ八歳だったため、天璋院《てんしょういん》が親代わりとなり、東京・千駄ヶ谷の屋敷でともに暮らした。

その後、満十三歳でイギリスに留学し、五年後に帰国するとすぐ、近衛忠房《ただふさ》の長女・泰子《ひろこ》と結婚した。この縁組を決めたのは天璋院だったが、親代わりの責任を果たしてほっとしてしまったのか、その翌年に亡くなっている。

一八八四(明治十七)年、家達は公爵に叙され、三年後の一八八七(明治二十)年、家達が満二十五歳のとき、明治天皇が千駄ヶ谷の屋敷に行幸した。伊藤博文《ひろぶみ》らの新政府高官、勝海舟らの旧幕臣も顔をそろえ、新政府との和解を世間に印象付けることになった。

一八八九(明治二十二)年、大日本帝国憲法が発布され、翌年一八九〇(明治二十三)年に帝国議会が成立すると、家達は貴族院議員になった。このころになると、政治や行政の世界にしばしば誘われるようになった。

一八九六(明治二十九)年には総理大臣、松方正義と対面した際に、文部大臣への就任を打診された。二年後の一八九八(明治三十一)年には東京市長に推されたこともあった。しかし、どちらも家達は固辞している。

実は、家達の後見人ともいえる勝海舟から、「乱世になれば命を投げ打ってでも政治家になるべきだが、いまはその時期ではない」と進言され、素直に同意していた。勝は若い家達が政争に巻き込まれることをなにより恐れていたのだろう。家達もまったく同じ気持ちだっ

徳川家達　国立国会図書館ホームページより

たように思う。

それから五年後の一九〇三年から一九三三年(明治三十六年～昭和八年)まで、家達は五期三十年にわたって貴族院議長を務めた。ちなみに、これは現在も破られていない議院議長の最長記録である。これが家達にとって、例外といってもいい政治的な活動となった。

そして、一九一四(大正三)年、徳川家に一大事が起きる。

シーメンス事件で山本権兵衛《ごんのひょうえ》内閣が総辞職すると、元老会議(山県有朋《ありとも》・松方正義・大山巌《いわお》)が、次の総理大臣として家達に白羽の矢を立てたのだ。当初、元老会議では、二条基弘《もとひろ》公爵を推していた。二条家は五摂家(近衛・九条・二条・一条・鷹司《たかつかさ》)の一つで、古来、摂政・関白に任ぜられる家柄だ。

基弘は九条家の子息で、二条家に入って後を継いでいた。実父の九条尚忠《ひさただ》は、孝明天皇のお后であられた英照《えいしょう》皇太后の父であり、長兄の九条道孝《みちたか》は大正天皇のお后の父である。基弘は、英照皇太后の実弟であり、大正天皇夫妻にとっては叔父にあたるのだ。そんな偉い人が、一大疑獄事件で倒れた内閣のあとを引き受けるはずがない。

基弘に辞退された元老たちは協議のうえ家達を推挙し、大正天皇もこれを了承。三月二十九日、宮城《きゅうじょう》に参内《さんだい》した家達は正式に組閣の大命を拝し、「熟考のうえ、お答えいたします」と申し上げた。

家達はただちに同族会議を開いた。会議には、家達の実弟で田安家当主の徳川達孝《さとたか》（私の祖父）と、異母弟で紀州徳川家十五代当主の頼倫《よりみち》（私の大叔父）、慶喜の四男で男爵の徳川厚《あつし》（兄たちは夭折していたので事実上の長男）らが集まった。

そこでどんなことが話し合われたのか、私は聞かされていない。

結局、家達は翌三十日に再び参内し、侍従長を通して辞退の意思をお伝えした。家達には、はじめから受ける気はなかったのだと思う。現に当時の新聞には、二十九日に宮城で組閣の大命を拝した直後、伏見宮殿下に辞退をほのめかしたため、元老たちがあわてて千駄ヶ谷の屋敷に使者を飛ばし、考え直すよう説得させたと報じられている。

大命を固辞した家達は、そのあと湘南の別荘にしばらく引きこもった。千駄ヶ谷の屋敷のまわりには新聞記者が押し寄せていたので、騒ぎを避けたようだ。

## テロ集団から命を狙われる

もしも家達が組閣の大命を受けていれば、「大政奉還以来、半世紀ぶりの徳川家の政権奪回」ということになったわけだが、その先はどうなっていたかわからない。

当時はまだまだ、徳川への風当たりが強かった。私の手元にある一九二九(昭和四)年発行の『幕末明治文化変遷史』(東洋文化協会編/神戸新聞社)という本には、「戊辰の賊軍徳川が……」との一節がある。

はじめてそれを見たとき驚いてしまった。昭和になってもまだ、徳川は「賊軍」だと思われていたのだ。まして、組閣の話がもちあがったのは、長州閥や陸軍が幅を利かせはじめた大正時代の初期。平和主義者で「賊軍」の家達が首相になっていたら、その後の原敬や浜口雄幸のように暗殺されていたかもしれない。

国立歴史民俗博物館・総合研究大学院大学教授の樋口雄彦の著書『第十六代徳川家達』(祥伝社新書)によると、実際に家達は何度か命を狙われている。

一九二五(大正十四)年には被差別部落解放運動をしていた全国水平社の指導者の一人、全九州水平社委員長、松本治一郎《じいちろう》の世話になっていた一青年が家達邸に放火、母屋がほぼ全焼した。

さらに、「一人一殺」を合言葉に、一九三二(昭和七)年に前蔵相の井上準之助《じゅんのすけ》、三井合名会社理事長の団琢磨《だんたくま》ら政財界の要人を暗殺した井上日召《にっしょう》をリーダーとするテロ集団、血盟団にも命を狙われた。

血盟団の一味が逮捕されたため、暗殺は未遂《みすい》に終わったが、逮捕時の取り調べによって、家達は西園寺公望《きんもち》や牧野伸顕《のぶあき》、犬養毅《いぬかいつよし》らとともに標的の一人だったことがわかった。国学院大学学生の須田太郎が暗殺する手はずになっていた。総理辞退は、賢明な選択だったといえるだろう。

この時期の日本は、本当に大変だった。三月二十四日に山本内閣が総辞職してから、四月十六日に第二次大隈内閣が成立するまで、総理大臣の座が三週間も空白だったのだ。

それでも政治のほうは元老がいたため、それなりに回っていたが、ちょうど時期を同じくして、昭憲《しょうけん》皇太后が狭心症の重い発作を起こされたのだ。家達も湘南の別荘に行く前に、皇太后が静養されていた沼津の御用邸へお見舞いに伺っている。

新聞は連日、皇太后の容態と首相選びの動向を報じた。

四月十一日、ついに昭憲皇太后は崩御された。元老会議が辞職した山本権兵衛の後継として、大隈重信を内閣総理大臣に推挙したのは、奇しくもこの日であった。

## 全権団としてワシントン会議へ

家達が歴史の表舞台に立ったのが、一九二一(大正十)年十一月十二日に開かれたワシントン会議である。

ワシントン会議は、第一次世界大戦後の海軍軍縮や極東問題を協議するためにアメリカが提案した国際会議だ。家達は海軍大臣の加藤友三郎《ともさぶろう》、駐米大使の幣原喜重郎《しではらきじゅうろう》とともに日本全権団に選ばれた。

出発は十月十五日。その日が近づくと、千駄ヶ谷の屋敷には激励や見送りの挨拶に訪れる人たちがひっきりなしで、泰子夫人はその応対や旅支度に大わらわだったが、出発直前に脅迫状を受け取るなど、物騒《ぶっそう》な一幕もあった。

脅迫状には「国のためになる成果を上げなければ殺す、また合衆国にいる間過度に『異人』めいた態度をとるな」(『第十六代徳川家達』)などと書かれていた。内閣総理大臣の原敬が暗殺されたのは、その約三週間後である。日本は殺伐としたテロの時代に入ろうとしていた。

こうした騒ぎのなか、家達は葵の紋の入った着物を着こんで悠然と記者たちの前に現れ、奥庭に面したベランダで撮影に応じたりしている。

当日は、東京駅で大臣たちや駐日アメリカ大使、北里柴三郎《きたさとしばさぶろう》博士らの盛大な見送りを受けて横浜へ向かい、郵船「鹿島丸」で出港した。船上の人となった家達は、シャツ一枚でデッキゴルフに興じたり、同船した日米の記者の取材に気軽に応じたりするなど、かなりリラックスしていたようだ。

既に家達は還暦を迎えていた。当時としては高齢だが、ワシントンに到着してからは毎日のように晩餐会や午餐会、茶会などに出席し、精力的に外交をこなした。若い頃のイギリス留学でキングス・イングリッシュと社交術を完璧に身に付け、フランス語も堪能だったので、相手方にすこぶる評判がよかったそうだ。

武骨な軍人にこういうことはできない。社交こそが、家達に期待された役割だった。貴族院議長の肩書きは、その意味でも都合がよかっただろう。

ワシントン会議では、主力艦の保有量を制限する「海軍軍縮条約」が結ばれ、主力艦の総トン数の比率は、英米五・日本三・仏伊各一・六七と定められた。

英米の連合軍と日本が戦争になれば、総トン数の比率は十対三になり、圧倒的な軍事力の差になる。当然ながら、海軍内部には不満が渦巻いたが、海軍大臣の加藤全権がその声を抑えて調印に踏み切ったのだ。

ワシントン会議のあと、家達は日本赤十字社社長や華族会館館長などを務める一方、民間外交にも力を入れた。一九三〇(昭和五)年にはアメリカ・シカゴで開催されたロータリークラブ創立二十五周年記念国際大会に出席し、「民族の勃興」と題する約三十分のスピーチをした。世界平和と理解を訴えた、このスピーチは「全米に向けラジオ放送された」(『第十六代徳川家達』)という。

一九三一(昭和六)年末、三十年間務めた貴族院議長を辞任すると、泰子夫人の甥《おい》にあたる近衛《このえ》文麿《ふみまろ》が後任となった。

この交代劇は、当時の政局や社会情勢と関係があるように思える。一九三一年に勃発《ぼっぱつ》した満州事変を機に、日本は軍事色を強めていた。軍縮を取り決めたワシントン会議で全権の一人を務め、英米に対して親しみももっていた家達は、軍部などから疎ましい人物と思われたとしても不思議はないだろう。

議長を辞任した直後にも、八カ月間にわたる欧米視察旅行にでかけ、ロンドンで英国王に拝謁したり、アメリカでルーズベルト大統領らと会見したりと、民間外交を積極的に進めた。一九三五（昭和十）年には東京オリンピックの招致委員会会長となり、招致活動を指揮。一九四〇（昭和十五）年の開催権（日中戦争のため、のちに返上）を見事に勝ち取り、話題を集めたりもした。

一九三八（昭和十三）年、イギリスで開かれる赤十字国際会議に出席するため、アメリカに渡航した家達は、車でロッキー山脈を越えるさなかに心臓発作に見舞われる。そのまま帰国の途につき、自宅療養をしていた一九四〇（昭和十五）年に息をひきとった。

実は晩年の家達に、私は何度かお目にかかっている。

毎年、千駄ヶ谷の屋敷に家族そろって年始の御挨拶に伺っていた。西洋館の応接間に出てこられたのを覚えている。小柄で、やさしそうなおじいさんだった。

## 徳川好敏は日本のパイロット第一号

明治維新後、歴史の表舞台で活躍をしたのは家達だけではない。陸軍のパイロットとして、日本人としてはじめて空を飛んだ徳川好敏《よしとし》は、戦後は太平洋戦争の敵国だったアメリカからも賞賛を浴びることになった。

一八八四(明治十七)年、好敏は清水徳川家八代当主として生まれた。事業に失敗した清水家の厳しい経済状況を考えたのか、十三歳のとき、東京陸軍地方幼年学校に入校、一九〇二(明治三十五)年に陸軍士官学校に進学した。

ちょうどそのころ、アメリカではライト兄弟が世界初の動力飛行に成功した(一九〇三年)。その後、またたく間に世界中で飛行機の研究が始まった。一九〇四(明治三十七)年に起きた日露戦争に勝利し、軍事大国の道を歩み始めた日本でもそれは同じで、兵器としての飛行機の研究が重要課題になっていた。

陸軍は日本で一から飛行機をつくるよりも、まずは航空機先進国の飛行機を購入し、それを日本の空で飛ばしてみようとした。そのためにヨーロッパに送り込まれたのが、ともに陸軍大尉だった好敏と日野熊蔵《くまぞう》の二人だった。

好敏は日露戦争時、近衛工兵大隊で敵軍の情報収集にあたったのち、砲工学校高等科課程などを経て、日本初の航空機研究機関である臨時軍用気球研究会委員を務めていた。

フランスのアンリ・ファルマン飛行学校で訓練を積んだ二人は、それぞれ別の飛行機を購入し帰国した。好敏はフランス製のファルマン式複葉複座機、日野はドイツ製のグラーデ式単葉単座機だった。

公式試験飛行が実施されたのは一九一〇（明治四十三）年十二月十五日・十六日・十九日の三日間。試験飛行場に選ばれた代々木練兵場（現在の代々木公園）には、大勢の観客が押し寄せた。その数は試験飛行が中止された十七・十八日を含めて、五日間で合計五十万人ともいわれている。「東京朝日新聞」はその様子を連日伝え、両大尉の動向を伝える連載コラムまで組み、飛行実験は一大イベントの様相を呈した。

実は、最初に空を飛んだのは日野だった。前日十四日の地上滑走試験時に十メートルほどの高さにふわりと浮くと、六十メートルほど飛んで着地した（高さ、距離とも諸説ある）。観衆は大喜びしたが、公式試験飛行日ではなく、検定官も立ち会っていなかったため、初飛行として認められなかった。

一方、徳川機は地上滑走実験中の衝突事故でプロペラなどを破損したため、その修理に手間取って、なかなか飛ぶことができなかった。こうした状況のなか、運命の十九日が訪れた。

徳川機はそれまでの不利な形勢を一気に逆転、大空に舞い上がった。このときの記録は飛行時間四分、高度七十メートル、飛行距離三千メートルである。これが公式に「日本初飛行の日」として認定された。

そのすぐあと、今度は日野機が高度四十五メートル、距離千メートルを飛んだ。これも飛行成功ではあったが、翌日の新聞では好敏の成功が大きく扱われ、日野は後塵《こうじん》を拝したような印象になってしまった。今日では、好敏とともに日野もまた、日本初飛行に成功した人として航空界に名をとどめている。

日本における航空機の開拓者としての功績が認められ、好敏は一九二八（昭和三）年、華族に列せられて男爵に叙された。清水家は好敏の父の代に、経済的問題から伯爵の爵位を返上していた。好敏は清水家の名誉回復を果たしたわけだ。

ジャーナリスト佐藤朝泰《ともやす》が書いた『徳川慶喜とそれからの一族』（立風書房）によると、「徳

徳川好敏機の初飛行　毎日新聞社／時事通信フォト

川一門のリーダーになっていた貴族院議長の宗家の家達も、これには大いに喜んだという」。家達は「爵位返上の上に曲芸飛行のようなことをしたのでは、恥の上塗りではないか」と、好敏から航空機操縦を学ぶことをはじめて聞いた際、渋い顔をしていたようだ。

好敏の名は「バロン徳川」として、広く世間に知られるようになった。

**戦後、アメリカから大歓迎を受ける**

一九三六（昭和十一）年、好敏は国内各地（一部海外含む）に配置された陸軍の航空部隊最高指揮官である航空兵団長に任じられた。そして翌三七（昭和十二）年から始まった日中戦争では陸軍航空部隊を指揮した。

終戦時、陸軍少佐だった奥田鑛一郎《おくだこういちろう》は『空の先駆者　徳川好敏』(芙蓉書房)のなかで、徳川航空兵団は敵情視察や敵航空施設への爆撃、ときには敵機との空中戦を一年半以上に渡って中国の広範囲で展開、目覚ましい成果を上げたと書いている。その活躍は新聞やラジオで連日報道され、感動した国民は徳川航空兵団を「コンドル兵団」と呼んで讃えたそうだ。

華々しい戦果をあげた好敏だったが、武漢《ぶかん》攻略後の一九三八(昭和十三)年十一月、コレラを発症した。軍医師団から一時は危篤を宣告されるほどの病状だった。療養のため帰国した好敏は一度現役を離れるが、本土空襲が始まる直前の一九四四(昭和十九)年三月、召集令状を受け取り、陸軍航空士官学校校長に任命された。

当時の士官学校には、候補生たちを戦場にすぐさま送り込むため、「型にはめ込む教育」がなされていた。そのためには鉄拳《てっけん》制裁やしごきも辞さなかった。

好敏はこのような教育のあり方に反対し、歯止めをかけた。好敏の優しさや親愛の情に触れた候補生たちは、校長を心から慕い、仲間うちでは村長を略した「村ちゃん」と呼んでいたという。

それだけに、好敏は、愛情を注いで育てた候補生たちが次々に戦死することを深く哀しみ、苦悩することになった。『空の先駆者　徳川好敏』のなかには、その思いがよく伝わる好敏の和歌が載っている。

――〝殉職候補生ヲ弔フ

・戦場に思ひ残して散り行きし君が無念を偲びてぞ泣く

・雨の音と集《つど》ひし人に励まされ弔ひ詞《ことば》読み了りけり……〟――

終戦後しばらく夫人とともにカトリック教会の手伝いをしていたが、民間航空が再開すると、航空業界から要職に請われるようになった。日本航空機操縦士協会名誉会長、航空同人会会長などを歴任。一九六〇(昭和三十五)年には、日本航空協会会長から日本航空五十周年記念式典の際に航空功労者として表彰もされた。

このとき、喜寿を迎えた好敏を、パンアメリカン航空が世界一周に招待した。健康上の理由で一度は断ったものの、アメリカ空軍からも熱心に招待されたことにより、アメリカ、ヨーロッパ、インド、東南アジアを回る約四週間の世界旅行に出かけた。

旅の途中、ニューヨークではライト兄弟から直接操縦を習ったというアメリカ空軍最古のパイロット、ベンジャミン・フロア少将らの出迎えを受けた。国立アメリカ空軍博物館のあるデイトンでは歓迎晩餐会が開かれた。席に着いた好敏は、ここであっと驚いたという。卓上に飾られた金色に輝く造花は、徳川の紋所《もんどころ》、「三ツ葉葵」だった。

欧米ではパイロットは敵味方を問わず尊敬される。好敏はアメリカ各地で大歓迎を受けたようだ。その後、航空関係者からの熱心な誘いを受けて、所沢の国際航空大学校(現在の国際航空専門学校)の名誉校長となった好敏は一九六三(昭和三十八)年、七十八歳で永眠するまで、その職を務めた。

## 規格外の九十年を生きた徳川義親

日清戦争から太平洋戦争まで、日本が戦争にあけくれた時代を生き抜いた傑物がいる。尾張徳川家十九代当主の徳川義親《よしちか》である。

尾張家では、藩祖・徳川義直《よしなお》の血が九代で途絶え、その後は養子藩主が続いていた。義親も養子で、一八八六(明治十九)年に、元越前福井藩主・松平春嶽《しゅんがく》の五男として生まれた。戌《いぬ》の年、戌の月、戌の日、戌の刻に生まれたのが自慢だったようだ。

もともと春嶽は田安家の人で、私の曽祖父・慶頼《よしより》の実兄である。私と義親は何度か会っていた。私は親しみを込めて「ぎしんさん」と呼んでいた。

もっとも有名な逸話といえば、マレーでの虎狩りだろう。義親は一九二一（大正十）年、医者もさじをなげた蕁麻疹《じんましん》の治療のために、マレー・ジャワで転地療養をした。

当時のマレーには藩主国がいくつもあり、そのなかの一つ、ジョホール国のスルタン（国王）から誘われて、義親は虎狩りに出かけた。目の前に飛び出てきた三メートル近い虎をウインチェスター銃で仕留めたところ、一躍「虎狩りの殿様」の異名をとった。私が小学生のころ、その体験記は国語の教科書に載るほど有名だった。

ちなみに本人の談によると、その虎はビフテキならぬ、〝虎テキ〟にして食べている。思ったより柔らかくて臭みもなく、「黙っていれば牛肉といっても通るだろう」などと感想をもらしている。

義親はとにかく規格外の人物だった。二十五歳で侯爵を襲爵《しゅうしゃく》した義親は、貴族院議員として貴族院に登院する。すると登壇した処女演説で、なんと華族の特権を縮小し、将来は華族議員を廃止すべしという「貴族政治亡国論」をぶってしまう。当時の新聞は「貴族の口から

〝革命〟という言葉が出た。議長席の御本家様(家達)も困った顔をしている」などとおもしろがったという。

一九二五(大正十四)年には悪名高き「治安維持法」が上程されたが、このときも「思想を圧迫することはテロを促進することになる」と激しく反対している。一九二七(昭和二)年、孤立した義親は貴族院議員を辞職する。

どうやら、このような行動の背景には、温厚で紳士的な学者として尊敬していた社会主義者の石川三四郎《さんしろう》らとの友人付き合いがあったようだ。石川は三人の娘のフランス語の家庭教師でもあった。一九二三(大正十二)年、関東大震災の際には、田端警察署の署長に直談判し、捕らえられた石川の身許を引き受けている。

ただし、義親に社会主義思想があったわけではない。それが証拠に右翼思想家と陸軍首脳部が起こそうとしたクーデターに資金を提供している。

一九七三(昭和四十八)年に出版された自叙伝『最後の殿様』(講談社)のなかで、義親自身が明らかにしているので、ここで取り上げてみても構わないだろう。一九三一(昭和六)年の「三月事件」である。

事件の首謀者、思想家の大川周明《しゅうめい》らに資金提供を頼まれた義親は、政党政治の腐敗ぶりに心を痛めていたため、「人を殺さないこと」を条件にこれに同意した。邸宅に保管していた金塊を売って提供した資金は、一説には二十万円(現在の価値に換算すると億を超える)ともいわれている。

結果的にこのクーデターは事件に関わった陸軍首脳部が変心したため、未遂に終わった。義親は自分たちだけでもクーデターを実行しようとする大川らを懸命に説得し、中止に追い込んだ。

そのころの自宅の様子を自叙伝では以下のように描写する。

――ぼくの家には大川周明くんの関係から右翼国家主義者がくるが、石川三四郎くんの関係で左翼の社会主義者もくるようになった。右と左が一堂に会して仲よくしている。みんな日本人だからである。面白いことであった。――

## 父、春嶽に生き方を学ぶ

「歴史的に見て、日本民族は近代戦ができる国民ではない」と考えていた義親は、日中・

日米戦争には終始反対だった。

しかし、一九四一(昭和十六)年、日米が開戦すると、陸軍省に行き、「マレー語が達者な者は私のほかにはいない」とマレー行きを志願した。スルタンをはじめ、若いころ厚遇を得たマレーの人たちを戦火から守りたい、という一心から出た行動だった。

ときの内閣総理大臣の東條英機から口頭ながら最高軍政顧問に任命された義親は、南方に渡り、シンガポールではラッフルズ博物館の館長になった。義親はもともと徳川生物学研究所を設立した研究者だった。このため、日本の占領中に、博物館や植物園などの文化施設が破壊されることをなにより憂慮した。

義親は『私の履歴書　第二十集』(日本経済新聞社)のなかで、そのときの心境を以下のように述べている。

「〝日本軍の占領中に、シンガポールの博物館がメチャメチャになった〟となれば、たとえ戦争中とはいえ、日本の恥である」

館長時代には貴重な標本や図書を略奪しようとする軍人を追い払うとともに、収蔵品の拡充や整備などのために、捕虜《ほりょ》収容所に監禁されていた軍人以外のイギリス人高級官吏、文化施設で働いていた責任者などを解放して、これまでどおり勤務させた。

さらに、マレーの若者たちを留学生として日本に送り、自邸で世話をするなど、日本の植民地政策が推し進められるなか、義親はマレーの文化の保護・向上に精いっぱい尽くした。

終戦後、「このような負け方をして、華族づらができるか」と辞爵願をすぐに出した義親は、またも世間をあっと驚かせる。

「新しい日本を築くのには、新しい政党が出なければならない」と、大内兵衛《ひょうえ》、片山哲、浅沼稲次郎らとともに、社会党結成に動き出したのである。義親は結成資金の一部を提供したともいわれ、しばらくのあいだ、社会党顧問を務めていた。

その後、自民党の推薦で名古屋市長選に立候補したため、思想的に「右なのか左なのか」と義親は強く攻撃された。前々から常々浴びてきたこの批判に対し、自身の気持ちをこのように吐露《とろ》した。

「私には右も左もない。どうすればお国のためになるか、ただそれだけだ」と（『私の履歴書　第二十集』）。

私は義親の言葉に嘘偽りはなかったように思う。義親は子どものころから国に殉じて行動した春獄の生き方を聞かされ、母や家令から命を賭けて国に尽くすように教え込まれていた。晩年の義親は紫斑《しはん》病の治療のため、長期入院と自宅での療養生活が続いた。こうした生活のなかで、自身の体験をもとに、日本人の特性と戦争、さらには平和の実現について病床で考察を巡らせていた。

日本人にとってお題目ではない平和行動とは何か。自叙伝の中で義親は「明治維新などという前に、民族精神がつちかわれた万葉の精神にかえることである」と結論づけた。万葉の歌に示された民族精神、平等、友愛などを高く評価し、日本人の原点を改めて見直すことが大切だと考えていた。

自叙伝の最後を義親は以下のように締めくくる。長くなるが引用してみたい。

――最後の殿様として念願しているのは、日本とアジアの再研究によって、民族の本来の姿をとりもどし、平和と自由と平等に生きる道をつくりだし、それで世界の平和に貢献することである。

現状では地球そのものが破壊され、日本どころか、人類が壊滅してしまう。平和は言葉だけではだめなのである。――

満九十歳を目前にした一九七六(昭和五十一)年、義親は他界した。遺骨は、手回しよく作らせておいた戒名入りの瀬戸焼の骨壺《こつつぼ》に納められた。戒名のまわりには、虎、熊、象、鰐など十二種類の動物の色絵が配されていた。

「僕はずいぶん殺生をしたから、あの世ではその動物たちに囲まれて仲よくするんだ」。生前、義親はこう語っていたそうである。

## 反乱軍から玉音盤を守った徳川義寛

日本の終戦日、一九四五(昭和二十)年八月十五日をめぐる二十四時間を描いたノンフィクションに、半藤一利が書いた『日本のいちばん長い日』(文春文庫)がある。一九六七(昭和四十二)年と二〇一五(平成二十七)年の二度、映画化もされている。

映画のクライマックスの一つといえるのが、宮城内で天皇のお言葉が録音された玉音盤を探す反乱軍の兵士たちと、それに対峙する侍従長との息を飲むシーンである。この侍従長こそ幕末の尾張藩主・徳川慶勝《よしかつ》の孫の徳川義寛である。

一九〇六(明治三十九)年、義寛は尾張徳川家分家、徳川義恕《よしくみ》の長男として生まれた。学習院を経て東京大学に進学。大学卒業後の一九三一(昭和六)年には中国に旅行、天津ではのちの満州国皇帝となる溥儀《ふぎ》、弟の溥傑《ふけつ》を表敬訪問した。溥儀は日本の歴史の本を読んでおり、義寛が将軍家一族ということを知っていた。

翌年からは美術史の勉強のため、ドイツのベルリン大学(現在のフンボルト大学ベルリン)に留学。留学中には外務省職員に連れられ、政権をとったばかりのヒットラーが大集会で演説するところを見に行ったこともあったようだ。

三年後帰国した義寛は帝室博物館にしばらく務めていた。侍従の話があったのは一九三六(昭和十一)年のこと。義恕が侍従を務め、妻の父も皇室の宮中祭祀《さいし》を担当する掌典《しょうてん》職に就いていたため、持ちかけられたようだ。

義寛が日米開戦を知ったのは、開戦前日の一九四一(昭和十六)年十二月七日。対米開戦を決定した御前会議が十二月一日に開かれていたが、話は聞かされていなかったという。陸軍が南方で軍事作戦を展開することはうすうす気づいていたが、海軍の真珠湾攻撃については知らなかった。

緒戦、華々しい戦果をあげていた日本だが、各国の事情に詳しい侍従武官(大元帥の天皇陛下に近侍して、軍事に関する大権の執行を補佐した陸海軍の将校）といろいろな話をしていたため、いずれ戦局が厳しくなることはわかっていた。

一九四四（昭和十九）年七月のサイパン陥落からは本土空襲に備えて、防空壕を掘り始めた。翌年四月には皇居内の賢所《かしこどころ》近くに爆弾が落ちた。アメリカ軍による空襲は日を追うごとに激しさを増していた。

義寛の話を新聞記者が聞き書きでまとめた『侍従長の遺言―昭和天皇との50年』（徳川義寛・岩井克己）によると、陛下が戦争終結のお気持ちを固められたのではないかと感じたのは一九四五（昭和二十）年四月五日のこと。米軍による沖縄上陸作戦が始まった四日後であったという。

日本に無条件降伏を求めたポツダム宣言を、「ご聖断」によって最終的に受諾したのは八月十四日。『侍従長の遺言』によると、その日の午後九時に「終戦の詔書《しょうしょ》」はご裁可となり、午後九時半にはご署名され、御璽《ぎょじ》が押されて内閣に戻された。

### 決起した兵士に殴られた終戦の日

「日本の降伏」を国民に伝える天皇のお言葉が録音されたのは、八月十四日から十五日にかけての深夜だった。十四日の午後、日本放送協会(NHK)の会長が内閣情報局に呼び出され、「至急、準備を整えるように」と指示され、宮内省政務室に録音機を持ち込んだようだ。

急なことで、スタジオのようにきれいには録音できなかったのだろう。録音に立ち会った義寛は、のちにNHKの番組で、そのときの様子を語っている。

――陛下は、八月十四日の午後十一時二十五分に政務室に入られた。一回目の録音を終えられたあと、陛下のほうから「もう一回」とお声がかかり、二回目を録音した。

そのさなかに空襲警報が発令されたが、政務室だけは灯りをつけたまま、緊迫した雰囲気のなかで録音作業が進められたという。――

お言葉を録音したレコード、いわゆる玉音盤は、正・副に分けられ、義寛に渡された。それぞれの玉音盤は、フィルム缶のようなものに納められ、ズック袋に入れてあった。義寛は、それを事務室に持って行き、小さなロッカーに入れて鍵をかけた。鍵は引き出しにしまい、誰にもわからないよう、書類などで埋めるようにして隠した。

一方、無条件降伏を阻止しようとする一部の陸軍将校たちは、近衛第一師団長を殺害してニセの師団長命令を発し、近衛歩兵第二聯隊《れんたい》を動かして宮城を占拠した。録音にあたった放送局の職員たちは、宮内省から帰る途中で反乱軍に捕まり、監禁されてしまった。

十五日早朝、宮内省の一室で仮眠をとっていた義寛は、宮城が占拠されたとの知らせを受け、吹上御所へと走った。入江相政《すけまさ》侍従らとともに天皇がおられた御文庫の無事を確認すると、庁舎にとって返し、海軍武官に「御文庫は安泰」と連絡した。

海軍武官に「静かにしてくれ」といわれた義寛が武官室を出たところ、反乱軍の兵士に取り囲まれてしまった。通説では兵隊たちは内大臣と玉音盤を探していたという。ただし、義寛はのちに自分を殴った軍曹から「御璽を奪おうとしていた」と聞いている。義寛は偽の詔書でも作ろうとしていたのではないかと推測する。

義寛を取り囲んだ兵士が「内大臣はどこにおられるか知りませんか」と尋ねてきたので、黙っていると、彼らの後ろにいた将校の一人が兵士たちに命令した。

「斬《き》れ」

義寛が「斬っても何もならんぞ」と言い返すと、その将校が再び口を開いた。

「大臣や側近がけしからん。日本精神がわかっているか」

義寛が「日本を守っているのは君たち軍人だけではない。皆で力を合わせていくべきだ」と言い返したとき、兵士の一人がいやというほど顔面を殴打した。軍曹の若林彦一郎であった。

義寛は殴り倒された。眼鏡が飛び、みるみるうちに頬が腫れ上がった。ただし、もしあのとき、殴り倒されなかったら、命は危なかったとのちに振り返っている。兵士たちはそのまま去っていったそうだ。

嵐のような一夜は過ぎ去った。守られた玉音盤は放送会館に無事に運ばれ、正午過ぎに全国に向けて、玉音放送として流れたのだった。ただし、第一章でも書いたように、私はこの玉音放送をそのとき聞いていない。

終戦後も物騒な日々はしばらく続いた。一九四六(昭和二十一)年五月十二日には世田谷区民大会の「米ヨコセ」デモが皇居内に入ってきた。デモ隊に内部の勝手を知った元近衛兵がいたため、宮内省の職員食堂まで侵入してきたのだった。

同月十七日、今度は共産党員が押しかけて来た。その日のことを『侍従長の遺言』で、このように振り返っている。

――こちらから出て行った総務課長が犬丸実さん、秘書官が鹿喰《ししくい》清一さん。「動物みたいな名前の奴ばかりだな。ほかにいないのか」などと言われましてね。つまらないことばかり覚えているものですね。――

義寛は一九八五（昭和六十）年に侍従長になり、その後、昭和天皇が崩御される前年となる一九八八（昭和六十三）年四月まで務めた。侍従になって以来、五十年以上にわたって天皇陛下に尽くした人生だった。

**慶喜の孫、徳川慶光は二等兵として出兵**

太平洋戦争のとき、私の父は海軍の技術将校だったので戦場に行かなかったが、徳川一族のなかには戦地に赴《おもむ》いた人が大勢いた。

徳川慶喜家三代当主の慶光《よしみつ》もその一人だ。

一九一三（大正二）年、慶光は徳川慶久と有栖川宮威仁《たけひと》親王の二女・実枝子王女の長男として生まれた。高松宮妃喜久子さまの実弟である。

父親の慶久《よしひさ》が享年三十九歳で早逝したため、十歳の若さで家督を継ぐ。その後、学習院から東京帝国大学に進み、そこで中国哲学を学んだのち、宮内省に勤務した。

一九三八(昭和十三)年、会津松平家の子爵、松平保男の四女・和子と結婚したころ、日中戦争は激しさを増していた。こうした時勢のなか、一九四〇(昭和十五)年、慶光は召集され、二等兵として入隊した。

このとき、慶光は公爵で貴族院議員にもなっていた。しかし、兵役は華族だからといって、特別扱いされることはほとんどなかった。戦死する人も多かった。このあたりの状況については、慶喜の曽孫の慶朝《よしとも》が書いた『徳川慶喜家にようこそ』(文春文庫)が詳しい。

──加えて、私の亡き母によれば、

「陸軍というのは、貧しい人や農家の二男三男以下の人たちが出世をする唯一の道だったため、そうした人たちには華族に対する反感もあったのではないか」

ということだったらしい。──

このときは内地で肺炎にかかって除隊。さらに翌年に再び召集されたが、このときも徴兵検査の結果、即日帰郷となった。

このような経緯《いきさつ》があり、戦場に行くことはなかったが、一九四四(昭和十九)年に三度目の召集を受け、ついに二等兵として中国大陸に渡ることになる。歩兵第一〇一聯隊東部六二部隊に入隊し、中国各地を転戦した。慶朝によると、「中国大陸をほとんどひと回りしているようなもの」だったそうだ。

もともと体が丈夫ではなかった慶光は、行く先々で病気になり、入退院を繰り返した。赤痢《せきり》とマラリアに栄養失調が加わり、危篤状態に陥ったこともあったという。

はじめのうち、公爵であることは周囲に知られていなかった。だが、こういうことはだんだんにわかってしまうものである。

以下は、入院した陸軍病院の軍医とのやりとりである。

「徳川姓を名乗っておられますが、爵位はあるのですか？　男爵ですか？」

軍医に聞かれれば、答えないわけにはいかない。

「もう少し上です」

「子爵ですか？」

「もう少し上です」

「では、伯爵ですか?」

しょうがないから「ハムの公爵です」と慶光がいう。

「徳川家で公爵をもらっている方は、ご宗家の徳川家正《いえまさ》さんだけかと思っていました」

軍医からこのようにいわれてしまったという。

それからが大変だった。高松宮の義弟にして公爵、貴族院議員であると知れたとたん、第六方面軍司令官の岡部直三郎《なおざぶろう》陸軍大将や、旧水戸藩出身の櫛淵鍹一《くしぶちせんいち》陸軍中将が見舞いにやってきたり、旗本の子孫で支那派遣軍総司令官だった岡村寧次《やすじ》陸軍大将から無線電信が届いたりと、病院はひと騒動になったという。軍の高官が来るたびに、病院は大掃除やシラミ退治に奔走《ほんそう》した。

「とんだ忙しい思いをさせて、ご迷惑をかけてしまった」。のちに慶光は、このように述懐している。

その後、慶光は上等兵に出世して北京で終戦を迎え、終戦の一九四五(昭和二十)年の暮れに東京に戻ってきた。晩年は、料理や野菜づくりに凝《こ》ったそうである。

## 戦後、「普通の人」になった徳川家

徳川各家と戦争とのかかわりを改めて振り返ってみると、あまり語られていないが、命の危機に遭われた人も少なくない。それぞれに厳しいときを過ごしてきた。やはり戦争は本当に恐ろしい。

最後に、私の戦後の体験について少々述べて、この章を締めたいと思う。

一九四七（昭和二十二）年五月三日、日本国憲法の施行にともなって、華族制度は廃止された。多くの華族と皇族が「普通の人」になった。

精神的には間違いなく楽になった。母（徳川元子《もとこ》）は自叙伝『遠いうた』（文春文庫）のなかで、華族制度がなくなって肩から重荷が下りたような気がした、といっている。

その一方で経済的には困窮した。昭和初年の十五銀行の破綻《はたん》以来、田安家でも次第に家計が逼迫《ひっぱく》し始めた。およそ三千坪ほどの東京・三田の土地屋敷を慶應義塾に売ったりして凌いできたが、空襲で東京・上目黒にあった家も焼けてしまい、家族の住むところにも苦労するようになっていた。

配給だけでは食べる物が足りず、母は着物や帯を風呂敷に包んでは近郊の農家に通い、野菜や少しばかりの米と交換した。仕方なく闇買いをすることもあった。体験者がよく語ることだが、物資不足は戦時中よりもひどかった。

加えて、財産税を課されて、貸し地にしていた東京・三田一帯の土地も物納でなくなってしまった。一九四一(昭和十六)年に亡くなった祖父の相続税も、延滞分がまだ残っていた。一時的ではあるが、家計収支がマイナスになり、海軍から復員して運よく会社勤めができた父の給料からの補塡のみでは不足した。今から思えば、母の心痛たるや、大変なものがあったはずだ。

当時、財産税を納めるために、土地や資産を手放す旧皇族・華族が続出した。なかには、戦地で一緒だった人に「商売をしよう」と誘われ、騙《だま》されてしまう人もいた。これは旧皇族・華族に限らず、国民すべてがそうだったが、戦争が終わったあとも苦しい生活を耐え忍んだ。

戦前・戦中、そして終戦後と、長い苦しい時代を経て、日本は高度経済成長を果たし、その後、繁栄を謳歌《おうか》した。それまでの軍事大国から、人や資本を経済に集中して、日本は世界でも有数の経済大国に生まれ変わった。

それは、この七十年間、戦争に無縁で、平和の道をずっと歩んできたことが大きい。

しかし、この平和が未来永劫続く保証は決してない。最近のニュースを見てもわかるとおり、ヨーロッパでは大小のテロが繰り返され、中東やアフリカでは激しい内戦が今も続いている。世界ではさまざまな争いが至るところで現在も起きているのだ。

前章でも述べたが、ただ念じているだけでは、決して平和は守れない。「憲法九条」の理念はすばらしいと思うが、ただ唱えているのでは意味がない。

平和を守り抜くためには、これまで日本が起こしてきた戦争の歴史について知り、なぜ日本が戦争を始めたのか、その「失敗体験」を学習することが重要だ。ところが、このような記録やテキストの類は意外に少ないようだ。

この本が若いみなさんが戦争と平和を学ぶ際の一助になればと願っている。

**徳川宗英**
1929年，ロンドン生まれ．田安徳川家第十一代当主．学習院，江田島海軍兵学校を経て，慶應義塾大学工学部卒業．石川島播磨重工業にて海外事業本部副本部長，IHIエンジニアリングオーストラリア社長，関西支社長，石川島タンク建設副社長などを歴任．95年に退職ののち，静岡日伊協会名誉顧問，全国東照宮連合会顧問，一般社団法人霞会館評議員，一般社団法人尚友倶楽部監事を務める．
著書に『徳川家に伝わる徳川四百年の内緒話』(文春文庫)，『徳川家が見た幕末維新』(文春新書)，『江田島海軍兵学校 世界最高の教育機関』(角川新書)など多数．

徳川家が見た戦争　　岩波ジュニア新書 840

2016年9月21日　第1刷発行

著　者　徳川宗英《とくがわむねふさ》

発行者　岡本　厚

発行所　株式会社 岩波書店
〒101-8002 東京都千代田区一ツ橋 2-5-5
案内 03-5210-4000　営業部 03-5210-4111
ジュニア新書編集部 03-5210-4065
http://www.iwanami.co.jp/

印刷製本・法令印刷　カバー・精興社


ISBN 978-4-00-500840-7　　Printed in Japan

# 岩波ジュニア新書の発足に際して

きみたち若い世代は人生の出発点に立っています。きみたちの未来は大きな可能性に満ち、陽春の日のようにひかり輝いています。勉学に体力づくりに、明るくはつらつとした日々を送っていることでしょう。

しかしながら、現代の社会は、また、さまざまな矛盾をはらんでいます。営々として築かれた人類の歴史のなかで、幾千億の先達《せんだつ》たちの英知と努力によって、未知が究明され、人類の進歩がもたらされ、大きく文化として蓄積されてきました。にもかかわらず現代は、核戦争による人類絶滅の危機、貧富の差をはじめとするさまざまな人間的不平等、社会と科学の発展が一方においてもたらした環境の破壊、エネルギーや食糧問題の不安等々、来るべき二十一世紀を前にして、解決を迫られているたくさんの大きな課題がひしめいています。現実の世界はきわめて厳しく、人類の平和と発展のためには、きみたちの新しい英知と真摯《しんし》な努力が切実に必要とされています。

きみたちの前途には、こうした人類の明日の運命が託されています。ですから、たとえば現在の学校で生じているささいな「学力」の差、あるいは家庭環境などによる条件の違いにとらわれて、自分の将来を見限ったりはしないでほしいと思います。個々人の能力とか才能は、いつどこで開花するか計り知れないものがありますし、努力と鍛練の積み重ねの上にこそ切り開かれるものですから、簡単に可能性を放棄したり、容易に「現実」と妥協したりすることのないようにと願っています。

わたしたちは、これから人生を歩むきみたちが、生きることのほんとうの意味を問い、大きく明日をひらくことを心から期待して、ここに新たに岩波ジュニア新書を創刊します。現実に立ち向かうために必要とする知性、豊かな感性と想像力を、きみたちが自らのなかに育てるのに役立ててもらえるよう、すぐれた執筆者による適切な話題を、豊富な写真や挿絵とともに書き下ろしで提供します。若い世代の良き話し相手として、このシリーズを注目してください。わたしたちもまた、きみたちの明日に刮目《かつもく》しています。（一九七九年六月）